ACTIVITY BOOK

FOR GIRLS AGES 8-12 YEARS OLD

THIS BOOK BELONGS TO:

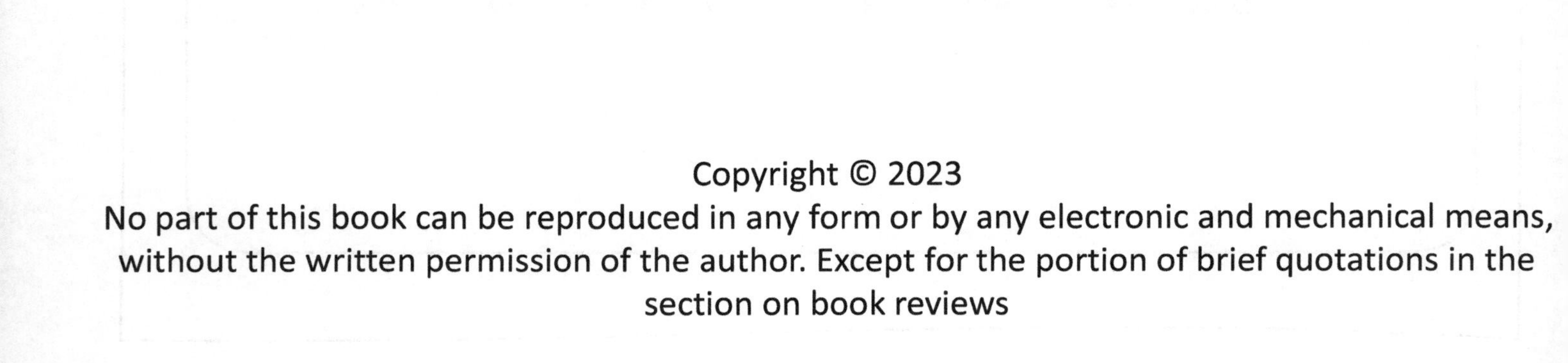

5.0 ☆☆☆☆☆

THANK YOU FOR YOUR PURCHASE.
WE ARE EXTREMELY HAPPY TO PROVIDE
THE BEST POSSIBLE EXPERIENCE!
TO HELP US, PLEASE TAKE A MOMENT
TO LEAVE YOUR FEEDBACK.

FASHION COLORING PAGES

WORD SEARCH

ANIMALS

K	R	P	E	N	G	U	I	N	B	B	B	R	X
H	Z	F	X	H	R	C	S	C	U	O	J	O	M
R	K	O	A	L	A	D	K	T	V	S	A	F	N
A	S	E	C	Q	N	U	T	H	O	R	S	E	B
B	T	X	F	K	C	E	W	S	T	P	U	S	V
B	I	C	G	D	R	Q	G	B	U	A	N	K	D
I	G	B	Q	F	O	I	C	T	S	N	I	J	S
T	O	Z	L	S	R	L	E	C	X	D	C	X	P
P	B	Y	G	A	N	O	P	E	P	A	O	O	J
C	A	T	F	Q	R	Q	M	H	X	V	R	D	D
Z	J	F	M	K	R	E	E	K	I	S	N	X	O
H	E	E	N	W	T	X	D	J	C	N	V	S	G
E	A	I	T	Q	T	H	U	W	B	D	F	U	P
K	E	S	Q	E	L	E	P	H	A	N	T	J	V

Butterfly	Elephant	Panda
Cat	Giraffe	Penguin
Dog	Horse	Rabbit
Dolphin	Koala	Unicorn

WORDS TO FIND

T K G K P E G A S U S I F N
W Z A V F P S J I G U L I J
R D X F M F I V D R G C T M
J U R S L N G V I I N Z F E
C N F A I R Y Z G F O V Q R
P I N V G J R O W F M I L M
H C T Q D O D X F I E H M A
O O R P C H N J H N K B F I
E R O K E F D N X A V F N D
N N L J C E N T A U R H I O
I L L I U Q N D E M E E V A
X C S U S K V L F V E X D B
P G M Q N I F H Q V W E L Q
C D W A P T O G R E N B O O

Centaur
Dragon
Elf
Fairy
Gnome
Griffin
Mermaid
Ogre
Pegasus
Phoenix
Troll
Unicorn

WORDS TO FIND

FOOD AND DESSERTS

O	C	G	P	L	W	P	N	Q	U	P	T	H	Z
U	E	U	H	G	T	A	B	S	Z	I	A	A	E
A	B	D	P	T	C	N	C	U	I	Z	C	M	J
P	T	G	Q	C	E	C	H	S	C	Z	O	B	S
X	R	G	L	C	A	A	L	H	E	A	S	U	K
N	F	U	A	F	W	K	O	I	C	O	Z	R	E
I	X	K	H	Z	V	E	E	L	R	U	B	G	P
W	E	J	L	S	Z	P	X	Q	E	H	X	E	O
G	F	W	C	H	O	C	O	L	A	T	E	R	P
L	V	M	P	U	P	W	D	P	M	N	E	J	C
X	S	Q	X	C	L	K	C	Q	O	E	N	P	O
C	X	A	U	Z	M	D	O	N	U	T	A	E	R
A	I	L	Q	I	P	X	W	B	D	F	U	P	N
F	R	E	N	C	H	F	R	I	E	S	X	T	E

Cake	French Fries	Pizza
Chocolate	Hamburger	Popcorn
Cupcake	Ice Cream	Sushi
Donut	Pancake	Tacos

WORDS TO FIND

TRAVEL

D	U	E	G	A	U	S	A	R	U	H	K	B	I
E	B	I	F	D	N	O	D	O	Q	P	R	M	E
S	G	B	W	M	N	U	V	A	A	A	L	A	P
T	T	Q	W	D	M	V	E	D	F	S	E	I	V
I	C	O	C	S	Q	E	N	T	E	S	S	R	C
N	L	V	U	F	I	N	T	R	F	P	B	P	U
A	M	U	K	R	B	I	U	I	N	O	C	L	L
T	I	X	G	W	I	R	R	P	G	R	Q	A	T
I	Z	G	O	G	N	S	E	E	U	T	Z	N	U
O	L	T	J	V	A	X	T	I	I	U	S	E	R
N	X	X	X	A	J	G	S	M	R	F	I	I	E
G	J	L	G	V	O	E	E	Z	Q	V	W	D	V
X	B	O	T	E	V	A	C	A	T	I	O	N	M
I	N	E	X	P	L	O	R	E	S	A	T	B	T

Adventure	Destination	Road Trip
Airplane	Explore	Souvenir
Cruise	Luggage	Tourist
Culture	Passport	Vacation

WORDS TO FIND 

SPORTS

T	Q	K	I	J	L	L	K	N	M	J	M	U	T
H	P	Z	B	U	E	T	I	B	Q	Z	V	L	R
J	K	S	A	D	W	J	E	L	E	C	P	X	A
X	Q	O	S	O	B	S	P	N	W	H	B	E	C
H	O	F	K	J	Z	K	O	Q	N	O	M	X	K
V	D	T	E	G	R	B	E	C	X	I	K	R	A
E	F	B	T	R	O	K	Q	I	C	O	S	E	N
O	U	A	B	T	B	L	N	D	J	E	C	V	D
E	E	L	A	L	P	G	F	I	B	G	R	X	F
U	U	L	L	K	I	H	C	R	A	W	V	K	I
V	O	L	L	E	Y	B	A	L	L	L	X	R	E
T	I	G	Y	M	N	A	S	T	I	C	S	A	L
Z	C	H	E	E	R	L	E	A	D	I	N	G	D
B	R	R	S	W	I	M	M	I	N	G	K	P	W

Basketball	Gymnastics	Swimming
Boxing	Judo	Tennis
Cheerleading	Soccer	Track and Field
Golf	Softball	Volleyball

WORDS TO FIND

S W E N W B A L L R O O M O
J K M P I J A Z Z O J D C C
W F X F R U C L R G P H O O
P L G F I V L O V X H U B N
H A D P S V D Q U D B R T T
J M B S H F R K Q T E O A E
E E A N S P C P A A S J N M
S N L K T I H P K D D L G P
A C L N E I E D B N U J O O
L O E H P A A E O Z Q A V R
S M T H J N L X J T I A Q A
A B O Q C Q B P W J T Q O R
K P Z E S M O D E R N Z V Y
B W F A B F C A F N S T Z J

Ballet	Flamenco	Modern
Ballroom	Hip Hop	Salsa
Breakdance	Irish Step	Tango
Contemporary	Jazz	Tap

WORDS TO FIND

OCEAN CREATURES

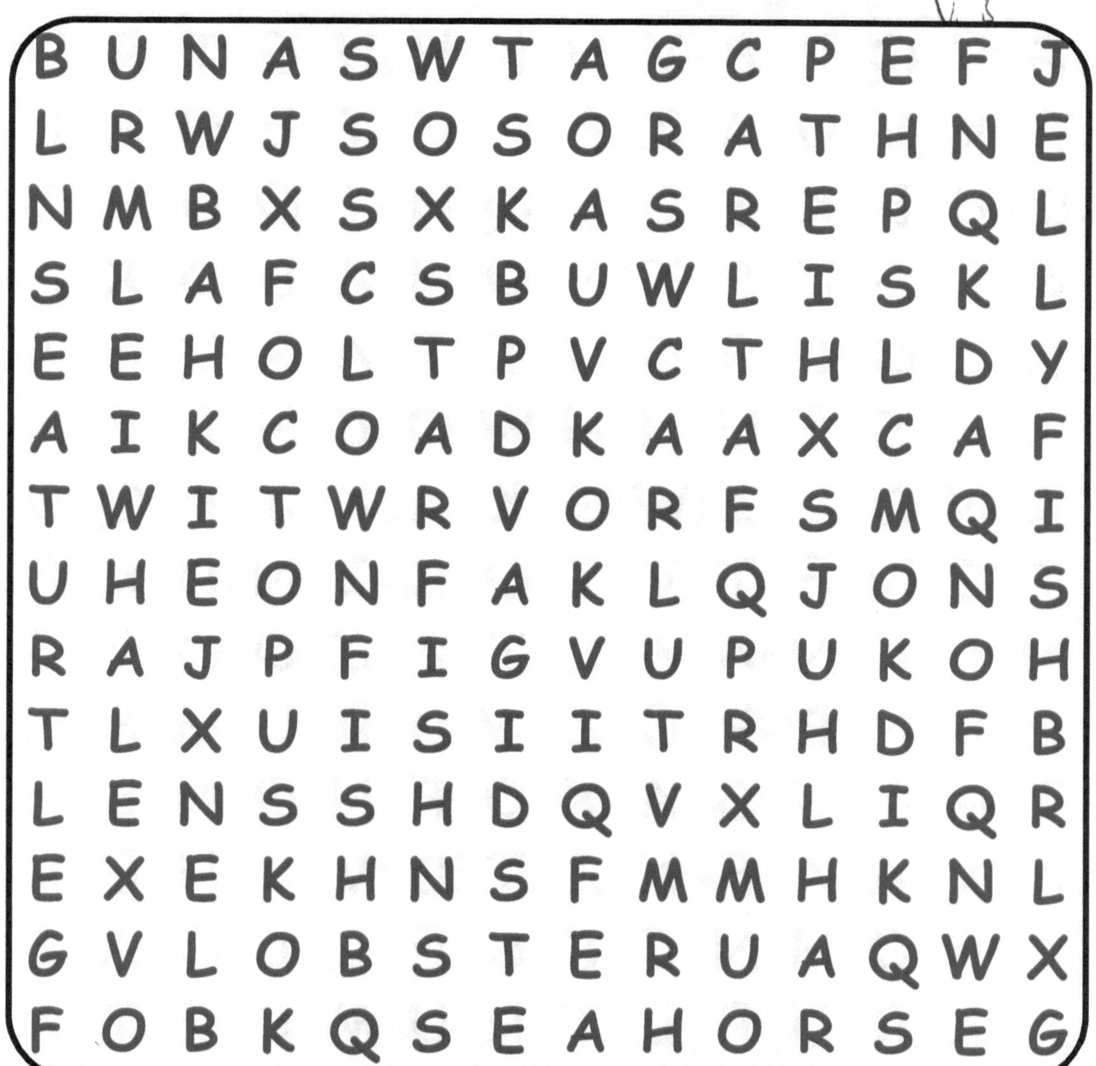

Clownfish	Lobster	Shark
Crab	Octopus	Squid
Dolphin	Sea Turtle	Starfish
Jellyfish	Seahorse	Whale

WORDS TO FIND

MUSICAL INSTRUMENTS

G	V	Q	P	B	V	U	K	H	U	G	T	R	D
F	K	V	U	A	Z	F	L	U	T	E	O	X	L
Q	C	B	K	S	D	L	Q	H	T	O	G	G	Q
C	P	S	U	S	T	P	O	H	A	D	D	X	A
L	I	O	L	G	G	U	I	T	A	R	Q	S	T
A	A	S	E	U	H	H	W	Q	C	H	P	P	X
R	N	D	L	I	W	G	K	A	K	J	F	Q	G
I	O	N	E	T	V	I	O	L	I	N	D	K	F
N	C	K	N	A	W	E	T	Z	J	O	Q	R	G
E	B	N	R	R	G	Z	W	D	R	U	M	S	N
T	M	Q	U	S	A	X	O	P	H	O	N	E	F
J	K	A	A	F	X	Z	T	D	V	J	H	E	V
C	F	O	H	N	C	C	C	E	L	L	O	A	T
F	K	R	D	P	L	T	R	U	M	P	E	T	A

Bass Guitar	Flute	Saxophone
Cello	Guitar	Trumpet
Clarinet	Harp	Ukulele
Drums	Piano	Violin

WORDS TO FIND

FASHION AND BEAUTY

J Q G J S B V W K Z C W N C

L D L H Z R E O F H R R K B

I L I Z H A X B A V B X T S

P N T D E C T T R P Z R U N

G E T N A E P T P D M N X E

L C E B D L N E R O D S J A

O K R A B E M E R E H T W K

S L V P A T S A C F U U O E

S A C K N S S N S S U I F R

F C H K D L C G N C W M R S

C E W X E N A Q S Q A G E N

V V G F M O R B V D J R X J

P D N D L B F H D B H M A V

S U N G L A S S E S Z A B P

Bracelet	Headband	Perfume
Dress	Lip Gloss	Scarf
Glitter	Mascara	Sneakers
Hat	Necklace	Sunglasses

WORDS TO FIND

OUTER SPACE

Astronaut	Meteor	Solar
Comet	Nebula	Spaceship
Galaxy	Orbit	Star
Lunar	Planet	Telescope

WORDS TO FIND

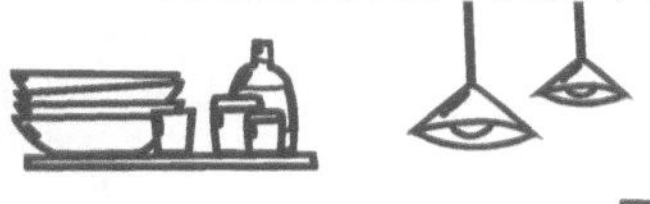

KITCHEN

S	G	F	A	T	R	A	Y	S	Q	C	E	F	F
A	R	K	K	F	O	R	K	T	Z	B	S	O	R
D	I	S	H	B	I	F	I	E	X	C	R	U	V
I	U	S	P	O	O	N	P	V	B	X	G	G	G
T	J	S	E	C	K	N	B	O	W	L	Z	V	P
D	Z	Z	Z	S	U	K	G	S	D	W	O	V	U
A	I	X	O	Q	D	P	I	Z	W	Q	I	H	C
K	Q	G	G	P	G	N	K	P	O	T	X	F	M
H	E	G	W	Z	K	K	N	Z	X	P	A	N	T
U	I	L	Z	Z	I	A	I	C	D	M	L	F	L
R	G	X	A	G	S	V	F	S	M	Z	O	O	V
X	P	F	J	E	A	A	E	S	T	O	V	E	O
U	C	T	D	M	J	O	S	V	B	D	H	P	V
C	L	T	F	P	L	A	T	E	V	E	A	L	Z

Bowl	Knife	Sink
Cup	Pan	Spoon
Dish	Plate	Stove
Fork	Pot	Tray

WORDS TO FIND

FRUITS & VEGETABLES

L	O	G	I	H	K	A	F	U	P	Q	L	A	P
Q	R	V	H	K	O	P	L	R	W	A	W	O	I
W	J	Z	G	R	T	P	I	A	P	V	D	H	N
O	Z	J	A	O	Z	L	T	M	Z	O	V	C	E
B	W	N	M	F	L	E	A	A	V	C	L	A	A
R	G	A	E	G	R	N	S	C	B	A	L	R	P
E	T	C	Q	M	G	N	U	R	U	D	B	R	P
O	T	R	E	O	P	C	O	T	B	O	N	O	L
X	O	L	X	W	U	C	Z	U	A	D	J	T	E
A	O	C	C	M	C	M	U	B	N	E	L	V	Q
N	R	G	B	O	H	L	I	Z	A	C	U	M	V
O	O	E	L	P	L	S	O	K	N	I	D	P	O
J	R	I	P	L	N	D	L	B	A	J	D	B	J
M	V	Z	A	B	P	I	P	G	R	A	P	E	Q

Apple	Carrot	Orange
Avocado	Cucumber	Pineapple
Banana	Grape	Tomato
Broccoli	Mango	Watermelon

WORDS TO FIND

MAZES

MAZE 1

STAR
END

MAZE 2

STAR
END

MAZE 3

STAR
END

MAZE 4

STAR
END

MAZE 5

STAR
END

MAZE 6

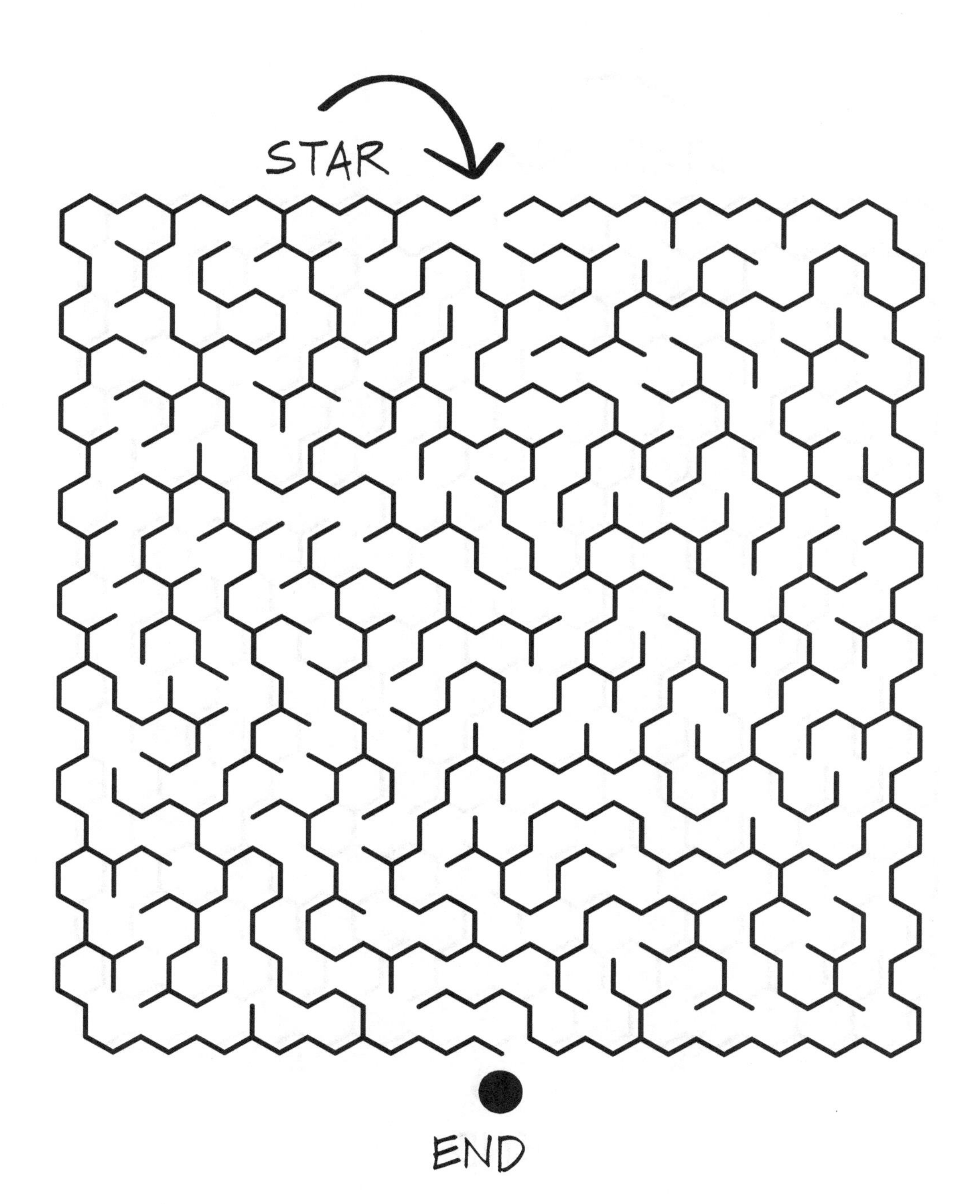
STAR
END

MAZE 7

STAR
END

MAZE 8

STAR
END

MAZE 9

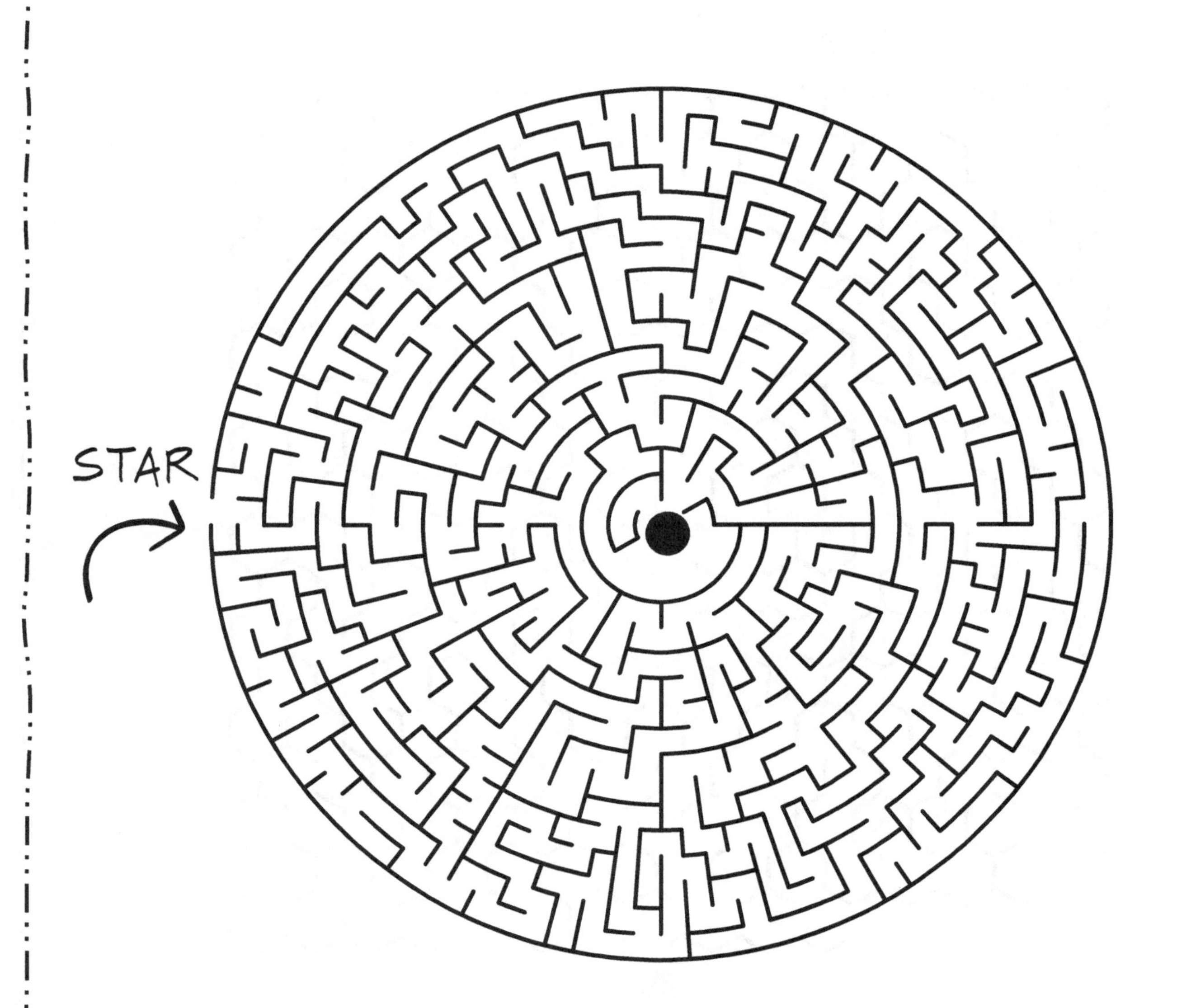
STAR

MAZE 10

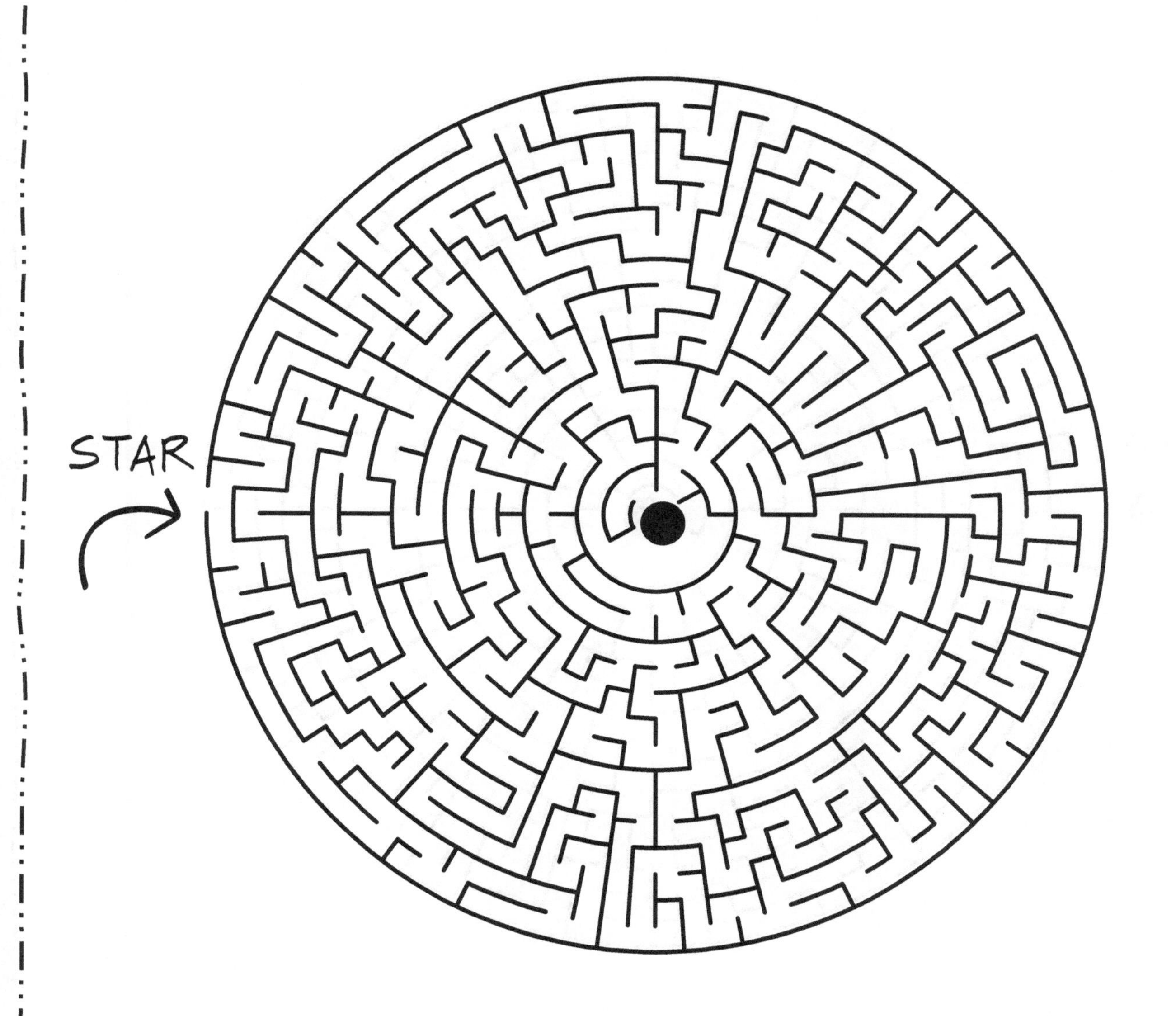
STAR

MAZE 11

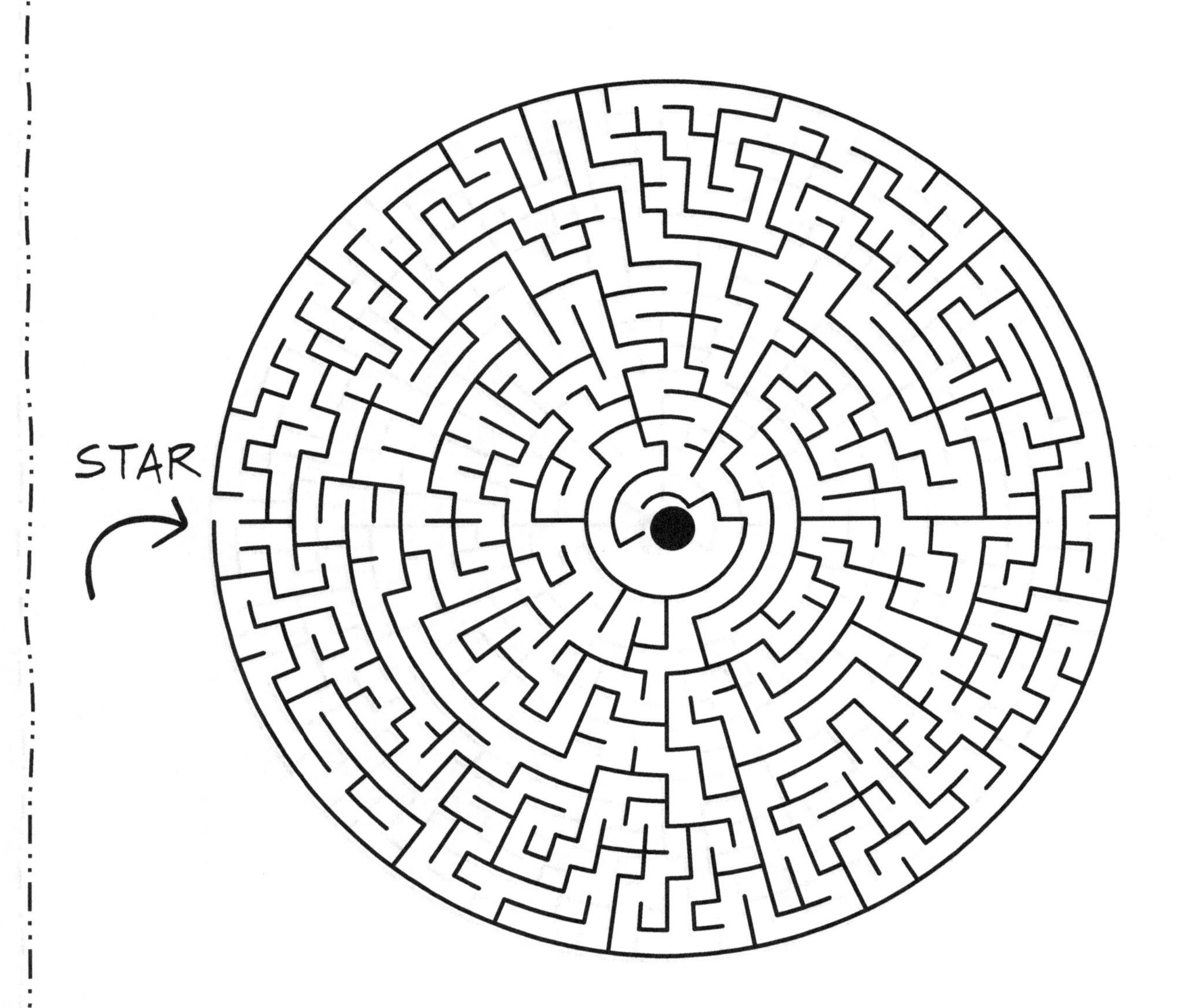
STAR

MAZE 12

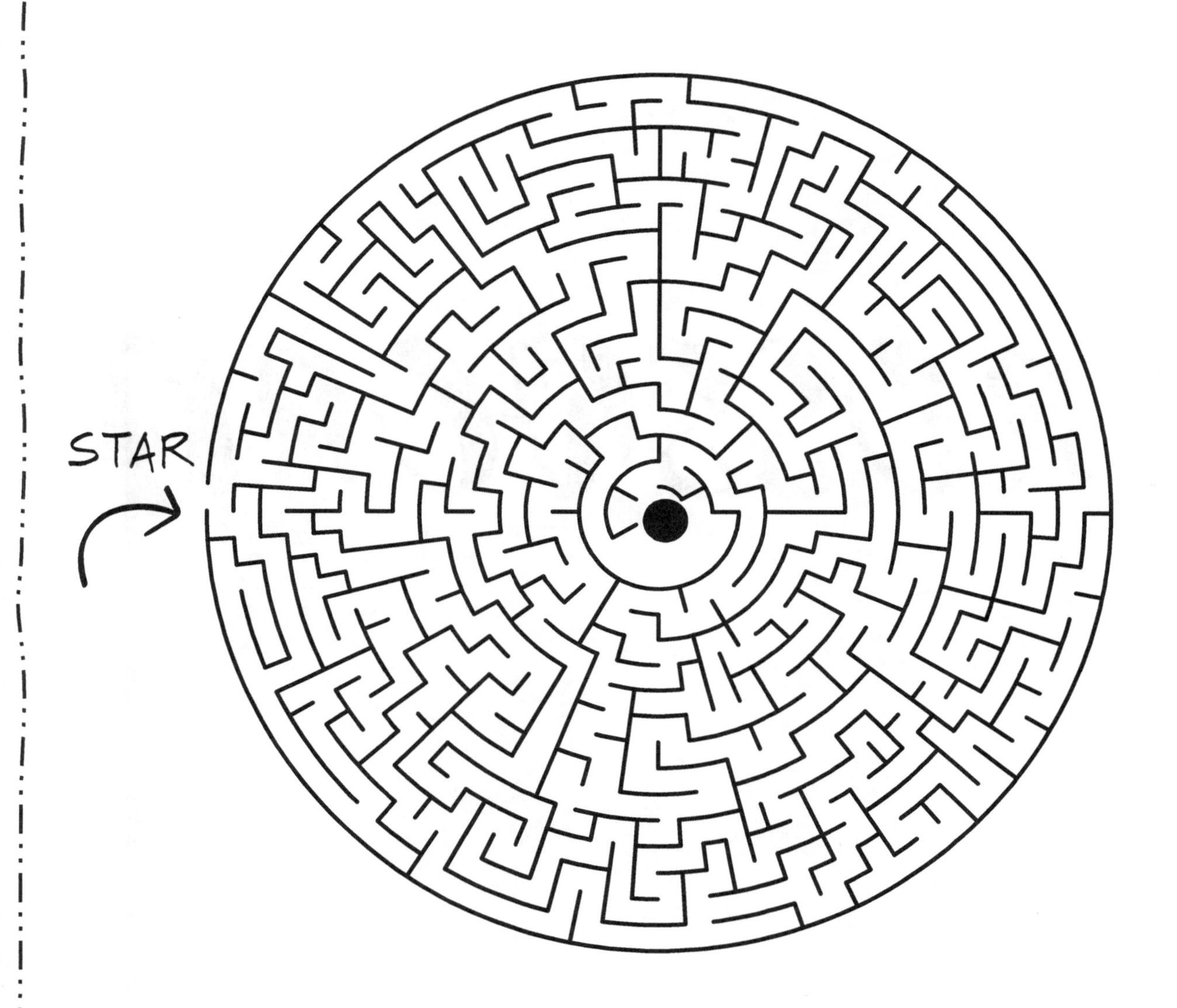
STAR

CROSSWORD

ANIMALS

ACROSS

1. Large mammal with a trunk and tusks.
5. The black and white bear,
7. A large reptile with a long snout and sharp teeth.
9. Tiny fish with a curly tail and horse-like head.
10. Fastest land animal.
12. Intelligent primate is known for their ability to use tools.

DOWN

2. "King of the jungle."
3. A flightless bird that waddles.
4. Striped big cat, known for its strength and agility.
6. Aquatic mammals are known for their intelligence.
8. Largest of the primates, found in Africa.
11. Tropical bird with a colorful, oversized beak.
13. Australian marsupial that carries its young in a pouch.
14. Australian marsupial eats eucalyptus leaves and sleeps a lot.
15. The tallest mammal with a long neck and spots.
16. The sea creature with eight limbs and an ink sac.

CLOTHES

ACROSS

1. Formal garment for girls
3. Loose-fitting hip/thigh top
5. Top and shorts in one
6. Sleeveless shoulder-baring top
8. Shorter than a coat, worn in cool weather
4. Longer than a jacket, worn in cold weathe
9. Top and pants in one
12. Tight stretchy pants
13. Short pants

DOWN

2. Waist-down tube of fabric
4. Knitted open-front garment
7. Sweatshirt with hood
8. Denim pants
10. Short-sleeved round-neck shirt
11. Shirt with collar and buttons
14. The knitted upper body garment

COLORS

ACROSS

1. Passionate primary color
3. Energetic color
6. Wealthy metallic color
8. Fresh color of nature
9. Pure, simple color
12. Bold, bright color
10. Calm primary color

DOWN

2. Happy primary color
4. Sweet, feminine color
5. Light, elegant color
7. Sleek metallic color
10. Warm earthy color
11. Tranquil ocean color
13. Royal, creative color
14. Dark, mysterious color
8. Practical neutral color

HOBBIES

ACROSS

1. Quiet indoor activity that exercises the mind
3. Walking in nature for exercise and enjoyment
5. Creating garments or decorative items with yarn and needles
6. Playing digital or board games for fun and entertainment
8. Creating visual art with brushes and paint
11. Exercise in water for health and leisure
13. Visiting new places for leisure, exploration, and learning
15. Practicing physical and mental discipline with poses and breathing

DOWN

2. An expressive movement to music
4. Capturing moments and memories with a camera
7. Catching fish with bait and tackle
9. Preparing food, baking, or exploring new recipes
10. Communicating thoughts and ideas through written words
12. Growing and cultivating plants for enjoyment or sustenance
14. Acquiring and organizing items of interest

FOODS

ACROSS

1. Baked dish with dough, tomato sauce, and toppings
3. Indian dish with a spiced sauce and meat or vegetables
6. Thai stir-fried noodles with vegetables, tofu, and peanuts
8. French pastry with buttery layers and a crescent shape
10. Sweet fried dough in a ring shape, often glazed or filled
13. Fried balls made of ground chickpeas or fava beans
11. Vietnamese soup with rice noodles, broth, and meat
14. Sandwich with a beef or veggie patty, cheese, and toppings

DOWN

2. A Mexican dish of folded tortillas with filling
4. Chicken coated in seasoned flour and fried
5. Long thin noodles with tomato sauce and meatballs
7. Small savory parcels with filling, boiled or steamed
6. Flat cakes made with flour, eggs, and milk, often served with syrup
9. Frozen dairy dessert with various flavors and toppings
11. Popped kernels of corn, often served as a snack
12. Japanese dish of vinegar rice, fish, and vegetables

COUNTRIES

ACROSS

1. ï»¿The second-largest country in the world by land area
2. Known for its diverse culture and spicy food
4. Tokyo is its capital city
5. Famous for its beer, sausages, and Oktoberfest
9. Birthplace of democracy and ancient Greek gods and goddesses
10. Known for its long and narrow shape
12. The largest country in the world by land area
13. Home of the Colosseum and the Leaning Tower of Pisa

DOWN

1. Known for its Great Wall, pandas, and dumplings
3. Home to the Great Barrier Reef and kangaroos
6. Hosted the 2016 Summer Olympics in Rio de Janeiro
7. Home of the ancient pyramids and Sphinx
8. Famous for its cuisine, and the Eiffel Tower
11. Lima is its capital city
14. Known for its paella, bullfighting, and flamenco dance
15. Famous for its spicy cuisine and ancient ruins

JOBS

ACROSS

1. Diagnoses illnesses
3. Practices law
5. Assists doctors
6. Creates written works
9. Designs buildings
10. Prepares food
11. Competes in athletics
12. Manages finances

DOWN

2. Instructs students
4. Designs structures
7. Plays music
8. Responds to fires
13. Creates visual art
14. Maintains public order
15. Studies human behavior
16. Installs plumbing systems

VEHICLES

ACROSS

1. Four-wheeled transportation
3. Public transport vehicle
4. Air-travel vehicle
5. Vertical-liftoff aircraft
7. Foot/engine-propelled bike
9. Personal watercraft
10. Agricultural machinery puller
12. Transport for people or goods
15. Water-traveling craft

DOWN

2. Medical transport vehicle
6. Two-wheeled engine vehicle
8. Underwater vessel
11. Recreational living/traveling vehicle
13. Large goods vehicle
14. Two-wheeled pedal vehicle
16. Connected track vehicles

SUDOKU

SUDOKU - 1

		4	5		9		6	
				1		2		4
8		6	7			5		9
5	6			8	3	4	7	2
7	3	2	1			8		6
4	9	8						1
6		3	8	9	2		4	5
2	4	9	3			6	8	7
1	8			6	7	9		

SUDOKU - 2

3	8				9	7		4
			8	3		9		1
		9	7	1	6	3		8
8					3	5		9
	5	6	1	9		2		
	1		2	4	5	6		7
	6	2	9		7	1		5
5	9		3	6		4		
1	3	7		5	2	8		6

SUDOKU - 3

	2	3	4	7		6	5	
8		5	3	6	9	7		
	6	7		8	5	9	4	3
5	1			3		8	6	
	3		5	9	6	4		
			1			5		
3	8		6			1	9	5
	5		9			3	8	6
6			8	5	3	2		4

SUDOKU - 4

1			3		5	9	8	7
	3	7	1	6	8		5	4
5	2	8			4		6	3
8		5		4	7		3	2
3	6	2	5				4	
7	9			3	6		1	8
		1					9	6
6		3	4	7	9			
4	8			1		3	7	

SUDOKU - 5

5	1	2		4	8		9	6
			6	1				
6	3	8	7	9		4	1	5
7		1		8			5	3
		6	5	2		1	4	7
	5	3		7	4			
	9	7	2			6	8	4
		5	4	6			7	
1	6		8	3	7			9

SUDOKU - 6

5	3				8		4	
2	7		6	3	9	8	1	5
	1	8	7	4	5	9		
4			3		1	2	7	
	2				7		5	4
1		7		9	4	3		
7	9	2	5	1	6		8	3
	6			8		5		
8		5	9				2	1

SUDOKU - 7

9	6	4		1	7			
	3	2	5	4			9	1
5	7			9	3	4		2
7	9	8			4		3	
	1	3			2	8	7	5
6		5			8	1	4	9
	8	6		3	9	5	1	
	4	7		8		9		3
					1	6		4

SUDOKU - 8

9	2			8	3			
7			5		2		8	3
	3	8		7			6	5
8		6	7	3	9		4	2
2		9		6		3	7	
4	7	3	2		8			1
	8	2		9	6	4		7
5		1	3		7		2	6
6		7					3	9

SUDOKU - 9

		3	7		6		4	
6	2		8		4			5
4	9	1	3	5		6	7	
	5	6	4	8	3	1		
7		4		6				3
8	3	2	1	7		4	5	6
		8	9					4
3	4		6				8	1
	6	9	5			7	3	2

SUDOKU - 10

	8	1	7					2
9	3			2	6	1	4	
			3	1			6	5
	1	9	2	7	3	6	5	4
5	6	7	4	9	8			
						9	7	8
2		6	1			5		
	5	8		6			2	1
1	9	4	5	8	2		3	6

SUDOKU - 11

3		1				5	7	
8	4	2		1	5	3	6	9
		7	8	9	3	1	2	4
9	3	6	5				8	
7	5			2		6		3
	2	4			6	7		
4		9	2	3	7	8		
				5	9	2		7
	7	5	4	6		9	3	1

SUDOKU - 12

			8	7		5	4	3
	7	3			5	9	2	1
1			3	2	9	6	8	
5	8	1			7		6	2
3	9		5	6			7	
7	4		2	1		8	9	5
2	6	8	1		4	7		9
9					2	4		
	1	7		5		2		

SUDOKU - 13

8	1	4	7			5	2	
6	3				2	1		
9	2	7		5	1	8		4
	6	1		4		7	8	2
5	7			2	6			9
4		2	8	1		6		
1	8	9		6			7	
2	4		5	7		9		
7		6		9	3		4	

SUDOKU - 14

	3		2			5	7	
	6	8	3	1		9		2
			5	8		6		1
	5	3	9		2	4	1	
	4	9	1	3		2	8	
	1			6			9	5
2	8		7	5		1	6	9
1	9		8			7		3
3	7			9		8	2	4

SUDOKU - 15

2	4	7		5		3		
3	8	9	7	4	6		5	
6	5	1		3	9	8	4	7
8		6				5	2	9
			8	2			7	
7					3	4		
4	6			9	7	2		1
5	7	8	3			9	6	4
	9	2	6	8	4		3	

SUDOKU - 16

				9	3	7		8
9	3		6	7	8			
8	2		4		1			
7			1		5		3	
6	5		7	3		1	8	2
4	1	3	9	8	2		5	
	7	5			6		4	9
1	4		5	2	9	8	7	
2	9			4		5	6	

SUDOKU - 17

7	9	2	6		3		1	
	4	1	7	9		6		2
6	5		2	4	1	8		9
	2		9		7		8	3
	6	8	3	2	4	7		5
3	7		1	5	8			
2	1			7	9	3	6	8
						2		
		6				9	5	7

SUDOKU - 18

5	3	7	4				1	
6							2	
			5	7	6	4	3	
1	6					3	5	
4	5	2	1	6	3	9		
7	8		9	5				4
8	7	5	6	1				3
	2	6	3	8	7	5	4	1
3	4		2	9		6	7	

SUDOKU - 19

4	7		8	9		1		2
9	3		7		6			8
6	1	8			2	3		9
5	8	1		6	4	9	3	7
7		6			5			1
3			1	8	7	6	2	
1			6	7	8		9	4
2			5					3
8		4			1	7		

SUDOKU - 20

3	7	1		6		4		9
6	4		5		9			1
5	2		1	3		6		7
	5			4	6	9	7	8
4		7	3	9	5			6
2			7			3	4	
	6		9	2		8		
8	3		6		7	5		2
9		2			8	7		3

SUDOKU - 21

5		3		9	1	2		4
7		9	5	4		3	6	
			8		3	5		
3		6		5	9		2	1
9		1	7	2		6		3
		2	1		6		5	7
	2	7	3	8				6
1	3		9	6		7	8	2
	9	8	2		7	4		

SUDOKU - 22

9	7			2	6	1		
	5	2	8	7	3			
6	8		5		9		3	7
5	3				1	8	2	4
	4		7	5	2	3		9
2	9	1	3	8		6	7	5
			2	6	5	7		
7		5					4	2
	2	8	9		7			

SUDOKU - 23

9	8	1	7	6		5		
2		4	1	9	5	7	8	6
7	6	5		4				9
3				2	6	9		
			4				3	1
	4			3		2	5	7
4		3	6	1		8	7	5
1	5		2	8	7	4	6	
		8	3	5	4	1	9	2

SUDOKU - 24

4	6		1	8		2	7	
1	2					3	8	6
8	7	3	2		6			
6	4			7	9			
	5	8	6		4			
3		7	5		2		4	
5	8				1	4		7
		6	4	2		1	5	9
9	1	4		6	5	8	3	2

SUDOKU - 25

						7	4	
3	4	7		6	9	2		
1	5	2	4					8
7	6	8		1		4		9
	9	3	6	4	8		5	
5	1	4	3			8		2
6		5	9	8		3	7	4
	3						8	1
			5	3	4			6

SUDOKU - 26

	2		1	9	6			3
	6	9	7	5	4			8
1	4			2	8			
	3			7	5		4	2
4						7		
6		7	2		3	8	9	
2	7	6	5	1		3		4
	1	3	4	8				6
5			6	3	7	1	2	9

SUDOKU - 27

8	6	5				2	3	9
7				9	3		6	
2		3	6	5	8	7	1	4
		4		2		3	8	5
6			4	3	1		7	2
		2	5	8				6
	8	9					5	7
	3			7	4	8		1
4		7	8	1		6	9	3

SUDOKU - 28

6	3	1		2		9	8	7
2	5			9	8		3	
	7	9	3	1	6	5		
1		3	9				6	
		6	1	8		3	9	
	2		6	4	3		7	
			5		9	8	1	
5	9			3	1	4		
3			2					9

SUDOKU - 29

	9	7		3	2	4	1	
6	2		5	1			9	
	1			6			5	3
	8		2			6	3	9
			9	5				7
9	6		3	7		5	4	1
		9	1			3		
		8	6			9	7	5
3	5		4	9	7		8	2

SUDOKU - 30

6		7	5	8		4		3
		8				7		2
1	4	5	7	2				9
8	5			7		9	3	6
4		3		6		1	2	8
2		6		3	8			7
3				1	4	2	7	
7				5		3	9	1
		2					6	4

SUDOKU - 31

6	9			2	3	1	5	4
5	8		7			6	2	
	3		5		1	9		7
	6	9	4		2			8
2	1	8				3		9
7	4		9		8			1
	2		1	5	7	8		6
	5				9	7		2
1			2	8	6			5

SUDOKU - 32

9	6	3	1	7				8
5				3	9	2	1	
				5	4			3
3	5				1	8	2	
2	8	1	9		3		6	5
6	7		2					9
8			4	2	6	3		1
	2	7	3					
1	3	6	5	9	7	4	8	

SUDOKU - 33

							4	7
1	7		5		4	6	2	8
8		6		2	7	3	5	9
4	5		9	6	1			
3		7						6
	6	1			3			
7	8	9	6	1	5	4		
	1	2	3		8		9	
5	3		2		9		6	

SUDOKU - 34

	9		8			7		
5	8				7	6	4	
4		2			6			9
1	6	4						8
8	2		6	3	9	5	1	4
	5	9	4	1			7	
7	4			6			2	
	1	6	5	8	4	9		
9		8	7			4	6	

SUDOKU - 35

	9	5		1		7		6
1	8					2	9	3
3			9	8		1		4
	7		8	4		5	3	2
8		2	7			4		
5	4	1	2		6	9	7	8
		6	1	2	8	3	4	7
	1	3			9	8	2	
7			3	5			1	

SUDOKU - 36

2	6			8	7	9	4	
	9			6	3	2	5	1
4			1	2	9			
1	7		9		6	3	2	
					8			6
	3		2	1				9
5	1	7	3			8	6	
	8		6	5	1		9	4
6	4		8			1		5

SUDOKU - 37

	7		3	4			8	9
	4	6	9		8			7
	2	9		1	7		3	
	8	3	4		5		9	2
2	6				9	5	4	1
		4		6	1	8	7	
6		8			3		2	4
			7		2			8
	3	2	6		4		1	

SUDOKU - 38

			7	8	3		5	
	5					7		
7	2			1	9	8		3
8	9	7		4		5	1	6
2	1	5	6		8			7
	4		1	5	7	9		
5	8	1		3		4		
4	7	6		2	5	1	3	
9		2				6	8	5

SUDOKU - 39

2	4	1		3		7	6	
	6				2	3	1	5
3	5		1		6		8	4
5	9		6		8	4		
	7			2	3		9	
8	3		9	4			5	2
6	2	3	7	5	1			
4	8	7	2				3	
	1		3	8		6		7

SUDOKU - 40

9	4			1	2		3	5
7	5	2	3	9		6		4
		3			7	2		8
	9			2	1	5		3
	7	5		8		9	6	2
2		4		5	6	1		
	2			3	9		5	6
5	8	9		6		3		
	6			7		4		9

SUDOKU - 41

5			7	4	2		1	
	7	1	9		8		6	
9		2	5	1		4		3
	4		1	5	3		9	6
3		9		6	7	1		
1	6	7	4		9	3		
7	1			8	4	2		9
	9	3		7	5		4	1
6	2							7

SUDOKU - 42

5	9			7	8	1	3	4
7	4		9		1			8
3	1		2	4	5	9		
4			8	1				5
		1	7	5				3
	8	5			3	6	7	
	5		3	8	4		1	
	2		1		7		5	9
	3			2	9	4		6

SUDOKU - 43

3	7	9		4	6		2	
2			8	7		6		
5		6					3	
6		5				8	7	
8	2		7		4	9		
7	9	3	6		8	4	5	1
1	6	8		3	7		4	9
4	5	2	1	6				
		7	4			2	1	

SUDOKU - 44

	8	4	1	9	3	6		2
		1				7		
2				4	6	8	1	9
	6	7		2		1	9	4
3					4	5	7	
	4	5		7	8	3		
	1	2		3		4		
	7			6				5
9	3	6	4	5	7		8	1

SUDOKU - 45

5		6	8	4	2	9		7
4		9		6			8	2
					9	6		
	7	5	4				2	1
9	2	8	1		5	7		
1	6	4					9	5
6		3	9	2	1		7	
		1		5		2	6	
2	4	7	6	8			5	

SUDOKU - 46

8	2	3			5	7	1	
5			1	8		9	3	2
		7	2		3	4		8
2	5					6		
6	4		5		1			3
	7	1			8			9
9	3		7		4	8		5
4		5		9	2			7
	8			5	6		9	4

SUDOKU - 47

9				5	6			3
6		8	4	2		7	9	
		4	8		7	5		
2		1	5	4	8	3	7	9
8	4	5	7	3		2	1	
					1	8	4	5
1	2					6		4
		3	6	1		9	5	
		6	3	7		1		

SUDOKU - 48

	2	4		5	8			6
1	9	6	2	7		8		
	5		1				7	
4		9	3		6		8	
	8	7		9		3		
3	6	2	5	8		4	9	
6	7	5	8		2	9		3
	3		6	1		5		
	4		7	3			2	8

SUDOKU - 49

	3	7		4				
			3				4	
		1	6	7	2	3	5	8
7				5	4		6	
4	1	5			6		7	
3	8							
2		4	9		3	1		7
1	6	9			7	4		
		3			5	6	2	

SUDOKU - 50

		5	8	7		9		
	2	8	5		1			3
	1	6	2	3	4		7	
		9	1			2		4
	3		4		2		9	8
2	5		7			3		
					5		3	9
1		3	9		7			
			3	1		6		

SUDOKU - 51

		1		6	7	9	8	
3	8		2				7	
6		7			4		5	
				2		4	1	
1	6	2						
5				1		7	2	8
	3		1			5	4	
8						2	6	1
		5	9	4	6	8		7

SUDOKU - 52

						2	7	8
1		8	2	4	7			
		3		5				
		7	9	6		3	8	
2		1		7	8			4
		9	4					
9		6	3		4	7	2	5
		4	7	2	6			3
3	7		1	9		8		

SUDOKU - 53

		5		3		2	9	7
	2					8		6
				7		5		3
		6		8		3		9
3		1	7			6	2	
2		9	3	6		1	5	8
	6	4		1	5		3	2
5	9						8	
1			8	4				

SUDOKU - 54

7			9		3		6	
1	9		8			7		
4	6		1		5			
	7	4			9			8
8		2				6		7
6			2		7			3
	3			6	1	8		9
	8				2	3		1
5			3	9		2		6

SUDOKU - 55

			4	6	3		5	9
	1	6		2	8	7		
9			7		1	8		
	8			7	4		9	
			8		6		1	2
4					5			8
				4	9			3
	4	2	5		7	9	6	
6		8	1	3	2	5		

SUDOKU - 56

					5		4	1
	5	4	6		1		7	
		3	2	4	7	8		
			7	9	2	5		4
	2	5		6	4	1		
8		9		5		7		
	3			7	8			
	8	1	4	2	9		5	7
			3					

SUDOKU - 57

	1	4		8		3	9	2
	8				1	6		4
6	2	7		9	4		5	
	3			2		4		
				6	9	1		7
9	6	1			3		2	8
	9	2		3	8			6
					7	2		3
8	7			4	2	9		

SUDOKU - 58

		2	4	9	7			
			6		1	4	7	3
	1		8				9	2
	5	9	2		8		1	
8	2	4		7		3	6	
7	6		9				8	
			7		9	5		6
	7				6	9	3	
					2		4	7

SUDOKU - 59

					3			
6	9			2	7			
8		4				7	2	3
9			7	8	1		3	
		2	6	3				
1	3	7	4				8	
3	4	6	2		5	9		8
7		9		6			4	5
			9	1		3		

SUDOKU - 60

	7					2		
1	3			6	4			8
4		5				6	3	7
	2	6	4	8	1			3
	9	4	2	7				
7		8		3		4	5	
		7	1	4	6		8	
8		3						6
				2	8		4	

SUDOKU - 61

7			4		6		9	
9					1		8	7
		2		7	5	3		4
1	5	3	8	6	4	2		9
			7	1			5	
4		7		9				
	2	8						
	7	1		4	8	9		5
		9	2	5	7		3	

SUDOKU - 62

7				2	3		6	
9	6					4	2	
2		8			6		1	5
3	9	6	2				5	
			5	7	4			3
	5		3	6				
	7	4		1		2	3	
1		9		4	2			
5						9	4	1

SUDOKU - 63

	4	5	9			6		2
		8						3
6	9	7	3		4			1
4			8				3	
		3		7	2	8	1	
		1	6		3			
				5	8		6	9
5			1		9	2	4	7
7	1					3		8

SUDOKU - 64

	3		6		9			4
9		6				5		
	4		3	1	5	6	7	
2	9							
	1	7		4		9		2
3	5	8	9					
			1	9			8	6
1		9	7			2	4	5
			2		8	7		1

SUDOKU - 65

	4	6		1		9	5	8
5	9	3	2	4			1	
				5				4
	1	8	9					
			8				4	
			5	6	1		8	
3	6	4		2				7
	5	9	7	8				3
7			4	9		1		5

SUDOKU - 66

7					9			6
		4	5		6		7	1
6	2				7		4	
		8	1	3				2
	3		9	6	8	5		4
				7	5	8		
	6	1	7	9		4		
	7			5	3			8
	9	3	4	8	1	6		7

SUDOKU - 67

	7	4				9	3	
9	6	8		2				5
	1			4			6	
6		1		9				8
	4	3	2					
7				5	6	3		4
			9	8	5		7	
2			6	3		4	5	9
1	9	5			2			

SUDOKU - 68

		9	1					
7	6		2	9	5		4	
				3	6	7		
	9	8				4	5	
3	7	5		4	2	6	8	
		4			3	2		
		6	4	5		8		7
4	8	7		6		5		
5				2	8	9		4

SUDOKU - 69

					7			8
					4			1
		1	8					
		9	1	2	8	4	5	
6		5	7	4	3			
	8	4		9	5	2		7
		3	4			8		5
	7		3	8			1	4
4	1	8	9			7	6	

SUDOKU - 70

		9			3			
	7	2		9	5	3		
		3		2		4	9	8
					6	9	2	
3	6			5	2			7
		1	4			5	3	
5			1			8		
9	3	7			4	6	1	2
	4		2		9			3

SUDOKU - 71

	6		5		2	1	7	
9	4	5			1		8	6
			6	9			4	
5	1		7		6			2
		7			3			
	3	6		1	4		5	
		1	8		9			
	8			6			2	4
6	2	9				8	1	5

SUDOKU - 72

4	3	5			6		8	2
8	2					7	6	3
	6		8		2			5
	9		3		1			
3	7	2		6		1	5	
1		8	7	2				6
	4	9				8	2	
2				8	7		4	
7	8					5		

WORD SEARCH SOLUTIONS

ANIMALS (Solution)

K R P E N G U I N B B B R X
H Z F X H R C S C U O J O M
R K O A L A D K T V S A F N
A S E C Q N U T H O R S E B
B T X F K C E W S T P U S V
B I C G D R Q G B U A N K D
I G B Q F O I C T S N I J S
T O Z L S R L E C X D C X P
P B Y G A N O P E P A O O J
C A T F Q R Q M H X V R D D
Z J F M K R E E K I S N X O
H E E N W T X D J C N V S G
E A I T Q T H U W B D F U P
K E S Q E L E P H A N T J V

FANTASY CREATURES (Solution)

T K G K P E G A S U S I F N
W Z A V F P S J I G U L I J
R D X F M F I V D R G C T M
J U R S L N G V I I N Z F E
C N F A I R Y Z G F O V Q R
P I N V G J R O W F M I L M
H C T Q D O D X F I E H M A
O O R P C H N J H N K B F I
E R O K E F D N X A V F N D
N N L J C E N T A U R H I O
I L L I U Q N D E M E E V A
X C S U S K V L F V E X D B
P G M Q N I F H Q V W E L Q
C D W A P T O G R E N B O O

FOOD AND DESSERTS (Solution)

O C G P L W P N Q U P T H Z
U E U H G T A B S Z I A A E
A B D P T C N C U I Z C M J
P T G Q C E C H S C Z O B S
X R G L C A A L H E A S U K
N F U A F W K O I C O Z R E
I X K H Z V E E L R U B G P
W E J L S Z P X Q E H X E O
G F W C H O C O L A T E R P
L V M P U P W D P M N E J C
X S Q X C L K C Q O E N P O
C X A U Z M D O N U T A E R
A I L Q I P X W B D F U P N
F R E N C H F R I E S X T E

TRAVEL (Solution)

D U E G A U S A R U H K B I
E B I F D N O D O Q P R M E
S G B W M N U V A A A L A P
T T Q W D M V E D F S E I V
I C O C S Q E N T E S S R C
N L V U F I N T R F P B P U
A M U K R B I U I N O C L L
T I X G W I R R P G R Q A T
I Z G O G N S E E U T Z N U
O L T J V A X T I I U S E R
N X X X A J G S M R F I I E
G J L G V O E E Z Q V W D V
X B O T E V A C A T I O N M
I N E X P L O R E S A T B T

SPORTS (Solution)

```
T Q K I J L L K N M J M U T
H P Z B U E T I B Q Z V L R
J K S A D W J E L E C P X A
X Q O S O B S P N W H B E C
H O F K J Z K O Q N O M X K
V D T E G R B E C X I K R A
E F B T R O K Q I C O S E N
O U A B T B L N D J E C V D
E E L A L P G F I B G R X F
U U L L K I H C R A W V K I
V O L L E Y B A L L L X R E
T I G Y M N A S T I C S A L
Z C H E E R L E A D I N G D
B R R S W I M M I N G K P W
```

DANCE (Solution)

```
S W E N W B A L L R O O M O
J K M P I J A Z Z O J D C C
W F X F R U C L R G P H O O
P L G F I V L O V X H U B N
H A D P S V D Q U D B R T T
J M B S H F R K Q T E O A E
E E A N S P C P A A S J N M
S N L K T I H P K D D L G P
A C L N E I E D B N U J O O
L O E H P A A E O Z Q A V R
S M T H J N L X J T I A Q A
A B O Q C Q B P W J T Q O R
K P Z E S M O D E R N Z V Y
B W F A B F C A F N S T Z J
```

OCEAN CREATURES (Solution)

```
B U N A S W T A G C P E F J
L R W J S O S O R A T H N E
N M B X S X K A S R E P Q L
S L A F C S B U W L I S K L
E E H O L T P V C T H L D Y
A I K C O A D K A A X C A F
T W I T W R V O R F S M Q I
U H E O N F A K L Q J O N S
R A J P F I G V U P U K O H
T L X U I S I I T R H D F B
L E N S S H D Q V X L I Q R
E X E K H N S F M M H K N L
G V L O B S T E R U A Q W X
F O B K Q S E A H O R S E G
```

MUSICAL INSTRUMENTS (Solution)

```
G V Q P B V U K H U G T R D
F K V U A Z F L U T E O X L
Q C B K S D L Q H T O G G Q
C P S U S T P O H A D D X A
L I O L G G U I T A R Q S T
A A S E U H H W Q C H P P X
R N D L I W G K A K J F Q G
I O N E T V I O L I N D K F
N C K N A W E T Z J O Q R G
E B N R R G Z W D R U M S N
T M Q U S A X O P H O N E F
J K A A F X Z T D V J H E V
C F O H N C C C E L L O A T
F K R D P L T R U M P E T A
```

FASHION AND BEAUTY (Solution)

```
J Q G J S B V W K Z C W N C
L D L H Z R E O F H R R K B
I L I Z H A X B A V B X T S
P N T D E C T T R P Z R U N
G E T N A E P T P D M N X E
L C E B D L N E R O D S J A
O K R A B E M E R E H T W K
S L V P A T S A C F U U O E
S A C K N S S N S S U I F R
F C H K D L C G N C W M R S
C E W X E N A Q S Q A G E N
V V G F M O R B V D J R X J
P D N D L B F H D B H M A V
S U N G L A S S E S Z A B P
```

OUTER SPACE (Solution)

```
O O A Q O B M W Z B B N W S
L P G W F C P L A N E T V P
G U A G O S O L A R I U P A
Q X N M A S T R O N A U T C
T O E A N I L K Z L J Q T E
I T M K R E A U P F W X D S
Q T E R L O B E E E X G L H
H Z T B O A F U G U A K S I
P F E A R M Z L L N V T A P
S C O L B L E Z B A S X L Z
T E R M I I I Z F R U V V Z
A W V U T J H J N T R D I R
R V T E L E S C O P E B G U
S B C X E G A L A X Y R Q T
```

KITCHEN (Solution)

```
S G F A T R A Y S Q C E F F
A R K K F O R K T Z B S O R
D I S H B I F I E X C R U V
I U S P O O N P V B X G G G
T J S E C K N B O W L Z V P
D Z Z Z S U K G S D W O V U
A I X O Q D P I Z W Q I H C
K Q G G P G N K P O T X F M
H E G W Z K K N Z X P A N T
U I L Z Z I A I C D M L F L
R G X A G S V F S M Z O O V
X P F J E A A E S T O V E O
U C T D M J O S V B D H P V
C L T F P L A T E V E A L Z
```

FRUITS & VEGETABLES (Solution)

```
L O G I H K A F U P Q L A P
Q R V H K O P L R W A W O I
W J Z G R T P I A P V D H N
O Z J A O Z L T M Z O V C E
B W N M F L E A A V C L A A
R G A E G R N S C B A L R P
E T C Q M G N U R U D B R P
O T R E O P C O T B O N O L
X O L X W U C Z U A D J T E
A O C C M C M U B N E L V Q
N R G B O H L I Z A C U M V
O O E L P L S O K N I D P O
J R I P L N D L B A J D B J
M V Z A B P I P G R A P E Q
```

MAZES SOLUTIONS

maze 1

maze 2

maze 3

maze 4

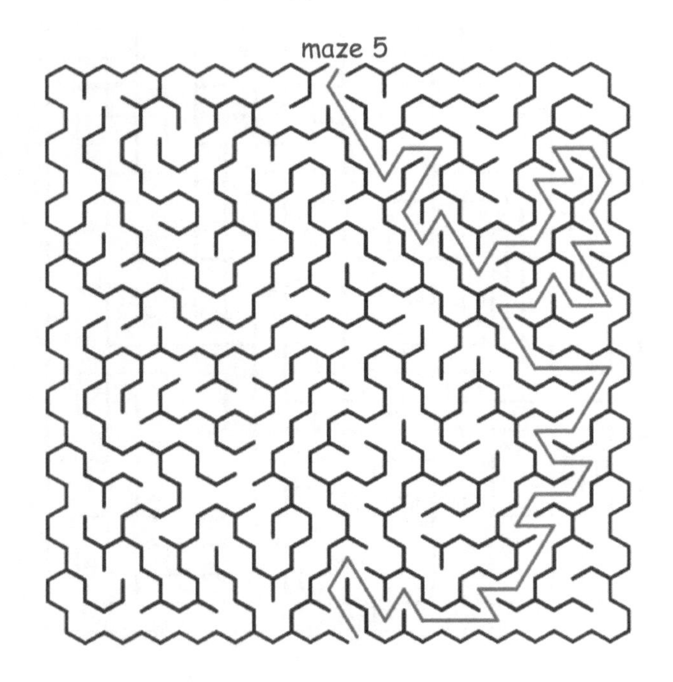
maze 5

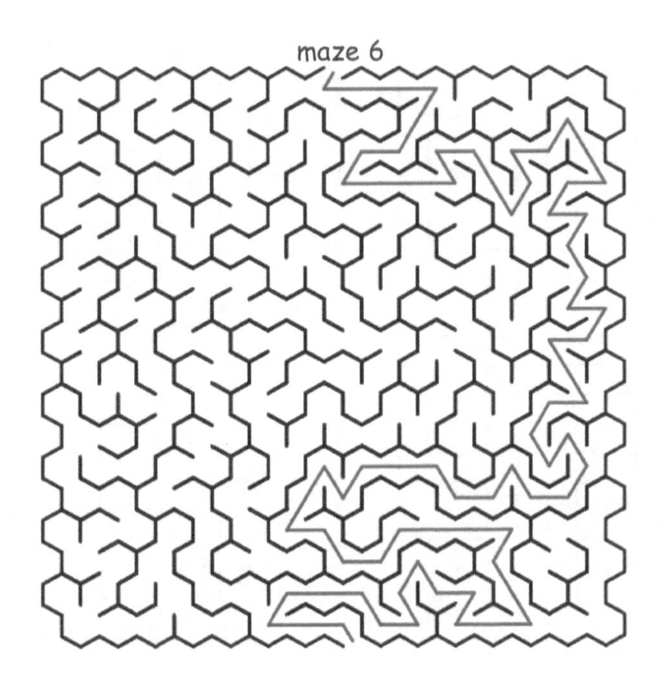
maze 6

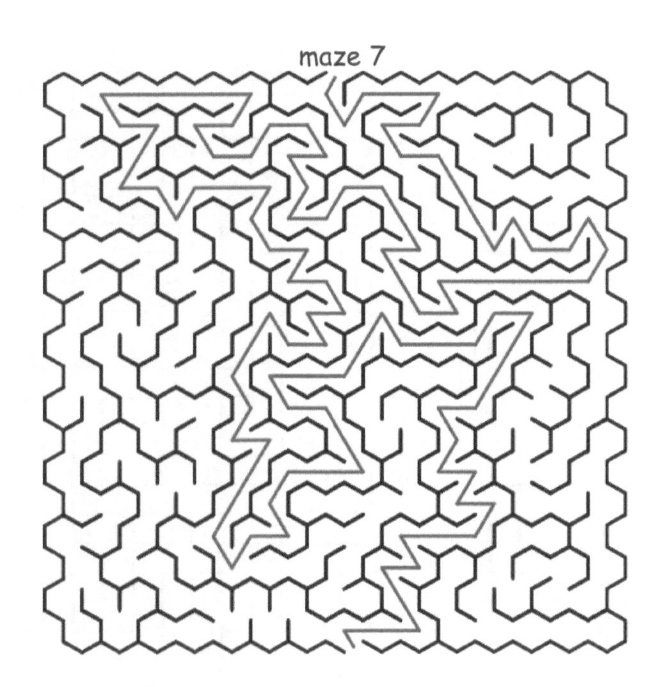
maze 7

maze 8

maze 9

maze 10

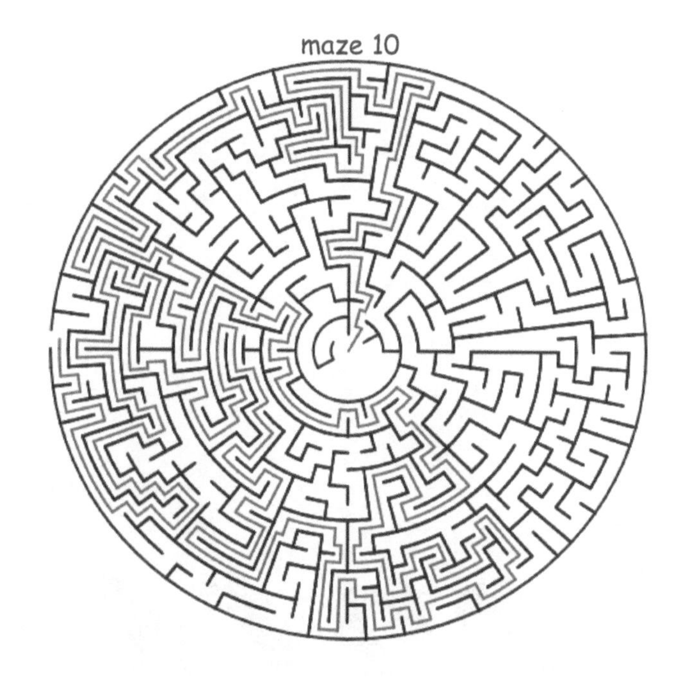

maze 11

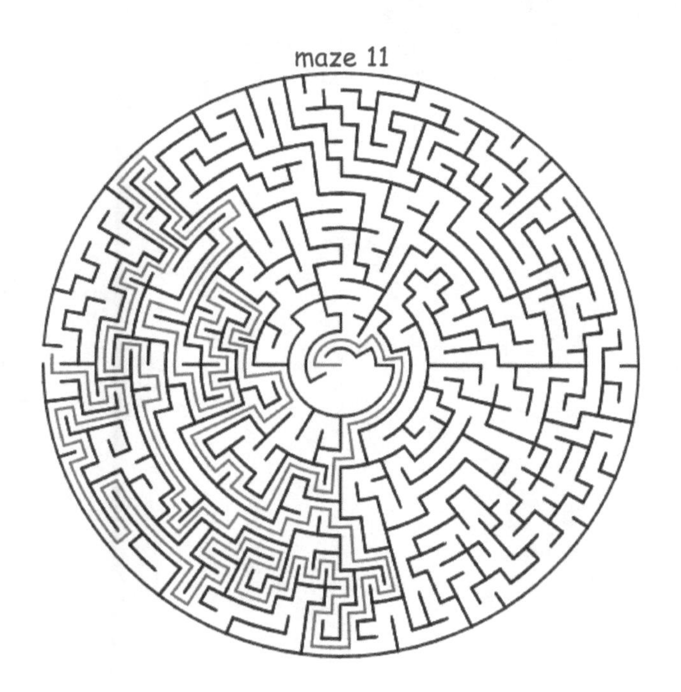

maze 12

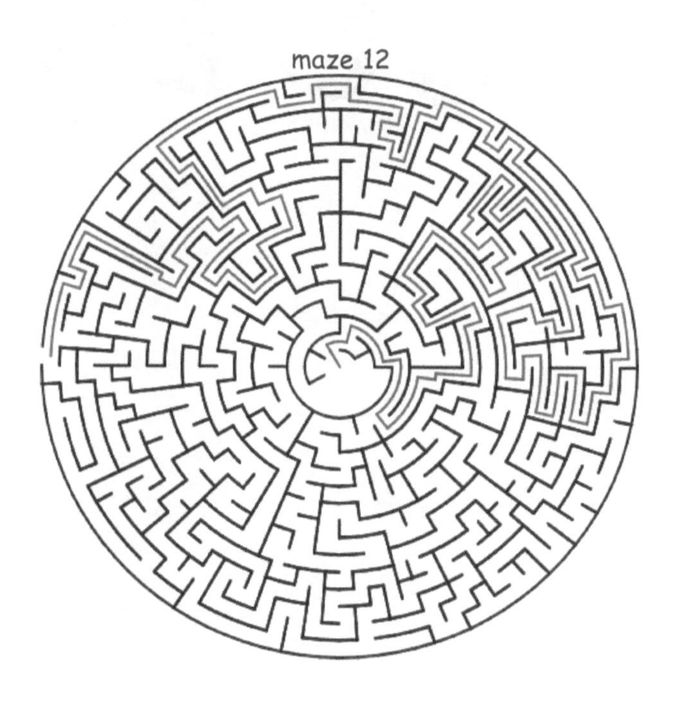

CROSSWORD SOLUTIONS

ANIMALS (Solution)

CLOTHES (Solution)

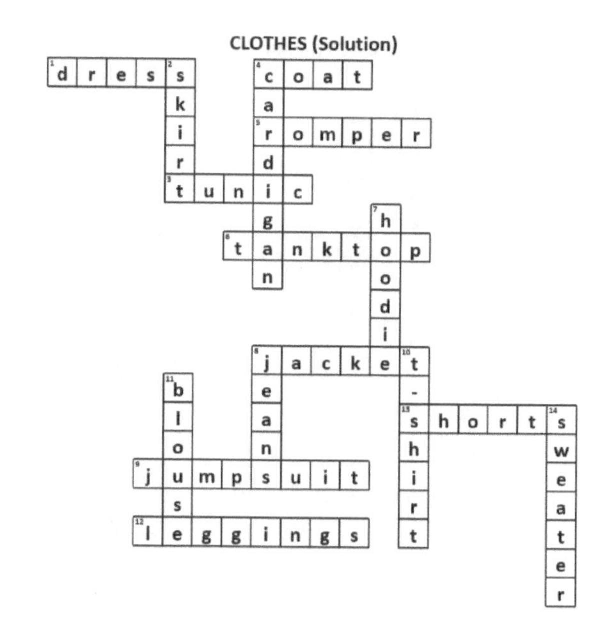

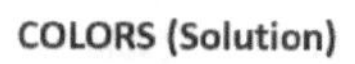

COLORS (Solution)

HOBBIES (Solution)

FOODS (Solution)

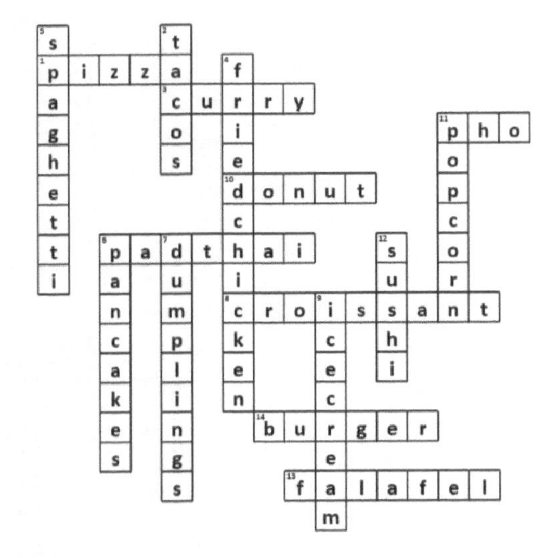

COUNTRIES (Solution)

JOBS (Solution)

VEHICLES (Solution)

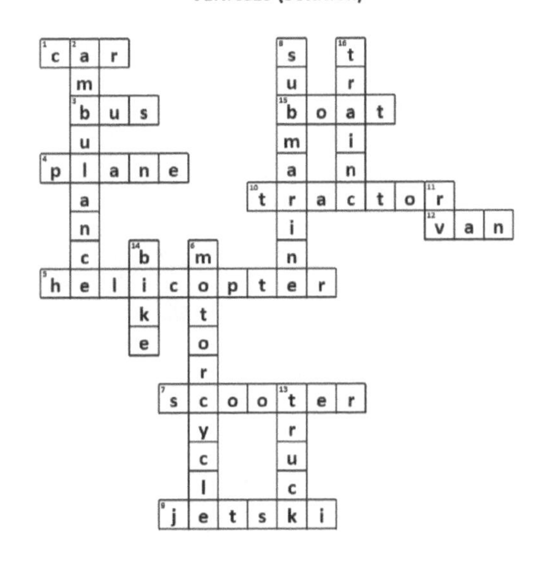

SUDOKU SOLUTIONS

SUDOKU - 1

3	1	4	5	2	9	7	6	8
9	5	7	6	1	8	2	3	4
8	2	6	7	3	4	5	1	9
5	6	1	9	8	3	4	7	2
7	3	2	1	4	5	8	9	6
4	9	8	2	7	6	3	5	1
6	7	3	8	9	2	1	4	5
2	4	9	3	5	1	6	8	7
1	8	5	4	6	7	9	2	3

SUDOKU - 2

3	8	1	5	2	9	7	6	4
6	7	5	8	3	4	9	2	1
2	4	9	7	1	6	3	5	8
8	2	4	6	7	3	5	1	9
7	5	6	1	9	8	2	4	3
9	1	3	2	4	5	6	8	7
4	6	2	9	8	7	1	3	5
5	9	8	3	6	1	4	7	2
1	3	7	4	5	2	8	9	6

SUDOKU - 3

9	2	3	4	7	1	6	5	8
8	4	5	3	6	9	7	2	1
1	6	7	2	8	5	9	4	3
5	1	9	7	3	4	8	6	2
2	3	8	5	9	6	4	1	7
4	7	6	1	2	8	5	3	9
3	8	2	6	4	7	1	9	5
7	5	4	9	1	2	3	8	6
6	9	1	8	5	3	2	7	4

SUDOKU - 4

1	4	6	3	2	5	9	8	7
9	3	7	1	6	8	2	5	4
5	2	8	7	9	4	1	6	3
8	1	5	9	4	7	6	3	2
3	6	2	5	8	1	7	4	9
7	9	4	2	3	6	5	1	8
2	7	1	8	5	3	4	9	6
6	5	3	4	7	9	8	2	1
4	8	9	6	1	2	3	7	5

SUDOKU - 5

5	1	2	3	4	8	7	9	6
4	7	9	6	1	5	8	3	2
6	3	8	7	9	2	4	1	5
7	4	1	9	8	6	2	5	3
9	8	6	5	2	3	1	4	7
2	5	3	1	7	4	9	6	8
3	9	7	2	5	1	6	8	4
8	2	5	4	6	9	3	7	1
1	6	4	8	3	7	5	2	9

SUDOKU - 6

5	3	9	1	2	8	7	4	6
2	7	4	6	3	9	8	1	5
6	1	8	7	4	5	9	3	2
4	8	6	3	5	1	2	7	9
9	2	3	8	6	7	1	5	4
1	5	7	2	9	4	3	6	8
7	9	2	5	1	6	4	8	3
3	6	1	4	8	2	5	9	7
8	4	5	9	7	3	6	2	1

SUDOKU - 7

9	6	4	2	1	7	3	5	8
8	3	2	5	4	6	7	9	1
5	7	1	8	9	3	4	6	2
7	9	8	1	5	4	2	3	6
4	1	3	9	6	2	8	7	5
6	2	5	3	7	8	1	4	9
2	8	6	4	3	9	5	1	7
1	4	7	6	8	5	9	2	3
3	5	9	7	2	1	6	8	4

SUDOKU - 8

9	2	5	6	8	3	7	1	4
7	6	4	5	1	2	9	8	3
1	3	8	9	7	4	2	6	5
8	1	6	7	3	9	5	4	2
2	5	9	4	6	1	3	7	8
4	7	3	2	5	8	6	9	1
3	8	2	1	9	6	4	5	7
5	9	1	3	4	7	8	2	6
6	4	7	8	2	5	1	3	9

SUDOKU - 9

5	8	3	7	1	6	2	4	9
6	2	7	8	9	4	3	1	5
4	9	1	3	5	2	6	7	8
9	5	6	4	8	3	1	2	7
7	1	4	2	6	5	8	9	3
8	3	2	1	7	9	4	5	6
2	7	8	9	3	1	5	6	4
3	4	5	6	2	7	9	8	1
1	6	9	5	4	8	7	3	2

SUDOKU - 10

6	8	1	7	4	5	3	9	2
9	3	5	8	2	6	1	4	7
7	4	2	3	1	9	8	6	5
8	1	9	2	7	3	6	5	4
5	6	7	4	9	8	2	1	3
4	2	3	6	5	1	9	7	8
2	7	6	1	3	4	5	8	9
3	5	8	9	6	7	4	2	1
1	9	4	5	8	2	7	3	6

SUDOKU - 11

3	9	1	6	4	2	5	7	8
8	4	2	7	1	5	3	6	9
5	6	7	8	9	3	1	2	4
9	3	6	5	7	1	4	8	2
7	5	8	9	2	4	6	1	3
1	2	4	3	8	6	7	9	5
4	1	9	2	3	7	8	5	6
6	8	3	1	5	9	2	4	7
2	7	5	4	6	8	9	3	1

SUDOKU - 12

6	2	9	8	7	1	5	4	3
8	7	3	6	4	5	9	2	1
1	5	4	3	2	9	6	8	7
5	8	1	4	9	7	3	6	2
3	9	2	5	6	8	1	7	4
7	4	6	2	1	3	8	9	5
2	6	8	1	3	4	7	5	9
9	3	5	7	8	2	4	1	6
4	1	7	9	5	6	2	3	8

SUDOKU - 13

8	1	4	7	3	9	5	2	6
6	3	5	4	8	2	1	9	7
9	2	7	6	5	1	8	3	4
3	6	1	9	4	5	7	8	2
5	7	8	3	2	6	4	1	9
4	9	2	8	1	7	6	5	3
1	8	9	2	6	4	3	7	5
2	4	3	5	7	8	9	6	1
7	5	6	1	9	3	2	4	8

SUDOKU - 14

9	3	1	2	4	6	5	7	8
5	6	8	3	1	7	9	4	2
4	2	7	5	8	9	6	3	1
8	5	3	9	7	2	4	1	6
6	4	9	1	3	5	2	8	7
7	1	2	4	6	8	3	9	5
2	8	4	7	5	3	1	6	9
1	9	6	8	2	4	7	5	3
3	7	5	6	9	1	8	2	4

SUDOKU - 15

2	4	7	1	5	8	3	9	6
3	8	9	7	4	6	1	5	2
6	5	1	2	3	9	8	4	7
8	3	6	4	7	1	5	2	9
9	1	4	8	2	5	6	7	3
7	2	5	9	6	3	4	1	8
4	6	3	5	9	7	2	8	1
5	7	8	3	1	2	9	6	4
1	9	2	6	8	4	7	3	5

SUDOKU - 16

5	6	4	2	9	3	7	1	8
9	3	1	6	7	8	4	2	5
8	2	7	4	5	1	3	9	6
7	8	2	1	6	5	9	3	4
6	5	9	7	3	4	1	8	2
4	1	3	9	8	2	6	5	7
3	7	5	8	1	6	2	4	9
1	4	6	5	2	9	8	7	3
2	9	8	3	4	7	5	6	1

SUDOKU - 17

7	9	2	6	8	3	5	1	4
8	4	1	7	9	5	6	3	2
6	5	3	2	4	1	8	7	9
5	2	4	9	6	7	1	8	3
1	6	8	3	2	4	7	9	5
3	7	9	1	5	8	4	2	6
2	1	5	4	7	9	3	6	8
9	8	7	5	3	6	2	4	1
4	3	6	8	1	2	9	5	7

SUDOKU - 18

5	3	7	4	2	9	8	1	6
6	9	4	8	3	1	7	2	5
2	1	8	5	7	6	4	3	9
1	6	9	7	4	8	3	5	2
4	5	2	1	6	3	9	8	7
7	8	3	9	5	2	1	6	4
8	7	5	6	1	4	2	9	3
9	2	6	3	8	7	5	4	1
3	4	1	2	9	5	6	7	8

SUDOKU - 19

4	7	5	8	9	3	1	6	2
9	3	2	7	1	6	5	4	8
6	1	8	4	5	2	3	7	9
5	8	1	2	6	4	9	3	7
7	2	6	9	3	5	4	8	1
3	4	9	1	8	7	6	2	5
1	5	3	6	7	8	2	9	4
2	6	7	5	4	9	8	1	3
8	9	4	3	2	1	7	5	6

SUDOKU - 20

3	7	1	8	6	2	4	5	9
6	4	8	5	7	9	2	3	1
5	2	9	1	3	4	6	8	7
1	5	3	2	4	6	9	7	8
4	8	7	3	9	5	1	2	6
2	9	6	7	8	1	3	4	5
7	6	5	9	2	3	8	1	4
8	3	4	6	1	7	5	9	2
9	1	2	4	5	8	7	6	3

SUDOKU - 21

5	8	3	6	9	1	2	7	4
7	1	9	5	4	2	3	6	8
2	6	4	8	7	3	5	1	9
3	7	6	4	5	9	8	2	1
9	5	1	7	2	8	6	4	3
8	4	2	1	3	6	9	5	7
4	2	7	3	8	5	1	9	6
1	3	5	9	6	4	7	8	2
6	9	8	2	1	7	4	3	5

SUDOKU - 22

9	7	3	4	2	6	1	5	8
1	5	2	8	7	3	4	9	6
6	8	4	5	1	9	2	3	7
5	3	7	6	9	1	8	2	4
8	4	6	7	5	2	3	1	9
2	9	1	3	8	4	6	7	5
4	1	9	2	6	5	7	8	3
7	6	5	1	3	8	9	4	2
3	2	8	9	4	7	5	6	1

SUDOKU - 23

9	8	1	7	6	3	5	2	4
2	3	4	1	9	5	7	8	6
7	6	5	8	4	2	3	1	9
3	1	7	5	2	6	9	4	8
5	9	2	4	7	8	6	3	1
8	4	6	9	3	1	2	5	7
4	2	3	6	1	9	8	7	5
1	5	9	2	8	7	4	6	3
6	7	8	3	5	4	1	9	2

SUDOKU - 24

4	6	9	1	8	3	2	7	5
1	2	5	9	4	7	3	8	6
8	7	3	2	5	6	9	1	4
6	4	1	8	7	9	5	2	3
2	5	8	6	3	4	7	9	1
3	9	7	5	1	2	6	4	8
5	8	2	3	9	1	4	6	7
7	3	6	4	2	8	1	5	9
9	1	4	7	6	5	8	3	2

SUDOKU - 25

9	8	6	1	5	2	7	4	3
3	4	7	8	6	9	2	1	5
1	5	2	4	7	3	6	9	8
7	6	8	2	1	5	4	3	9
2	9	3	6	4	8	1	5	7
5	1	4	3	9	7	8	6	2
6	2	5	9	8	1	3	7	4
4	3	9	7	2	6	5	8	1
8	7	1	5	3	4	9	2	6

SUDOKU - 26

7	2	8	1	9	6	4	5	3
3	6	9	7	5	4	2	1	8
1	4	5	3	2	8	9	6	7
8	3	1	9	7	5	6	4	2
4	9	2	8	6	1	7	3	5
6	5	7	2	4	3	8	9	1
2	7	6	5	1	9	3	8	4
9	1	3	4	8	2	5	7	6
5	8	4	6	3	7	1	2	9

SUDOKU - 27

8	6	5	1	4	7	2	3	9
7	4	1	2	9	3	5	6	8
2	9	3	6	5	8	7	1	4
9	1	4	7	2	6	3	8	5
6	5	8	4	3	1	9	7	2
3	7	2	5	8	9	1	4	6
1	8	9	3	6	2	4	5	7
5	3	6	9	7	4	8	2	1
4	2	7	8	1	5	6	9	3

SUDOKU - 28

6	3	1	4	2	5	9	8	7
2	5	4	7	9	8	6	3	1
8	7	9	3	1	6	5	4	2
1	8	3	9	5	7	2	6	4
7	4	6	1	8	2	3	9	5
9	2	5	6	4	3	1	7	8
4	6	2	5	7	9	8	1	3
5	9	7	8	3	1	4	2	6
3	1	8	2	6	4	7	5	9

SUDOKU - 29

5	9	7	8	3	2	4	1	6
6	2	3	5	1	4	7	9	8
8	1	4	7	6	9	2	5	3
7	8	5	2	4	1	6	3	9
4	3	1	9	5	6	8	2	7
9	6	2	3	7	8	5	4	1
2	7	9	1	8	5	3	6	4
1	4	8	6	2	3	9	7	5
3	5	6	4	9	7	1	8	2

SUDOKU - 30

6	2	7	5	8	9	4	1	3
9	3	8	6	4	1	7	5	2
1	4	5	7	2	3	6	8	9
8	5	1	4	7	2	9	3	6
4	7	3	9	6	5	1	2	8
2	9	6	1	3	8	5	4	7
3	6	9	8	1	4	2	7	5
7	8	4	2	5	6	3	9	1
5	1	2	3	9	7	8	6	4

SUDOKU - 31

6	9	7	8	2	3	1	5	4
5	8	1	7	9	4	6	2	3
4	3	2	5	6	1	9	8	7
3	6	9	4	1	2	5	7	8
2	1	8	6	7	5	3	4	9
7	4	5	9	3	8	2	6	1
9	2	4	1	5	7	8	3	6
8	5	6	3	4	9	7	1	2
1	7	3	2	8	6	4	9	5

SUDOKU - 32

9	6	3	1	7	2	5	4	8
5	4	8	6	3	9	2	1	7
7	1	2	8	5	4	6	9	3
3	5	9	7	6	1	8	2	4
2	8	1	9	4	3	7	6	5
6	7	4	2	8	5	1	3	9
8	9	5	4	2	6	3	7	1
4	2	7	3	1	8	9	5	6
1	3	6	5	9	7	4	8	2

SUDOKU - 33

9	2	5	8	3	6	1	4	7
1	7	3	5	9	4	6	2	8
8	4	6	1	2	7	3	5	9
4	5	8	9	6	1	2	7	3
3	9	7	4	8	2	5	1	6
2	6	1	7	5	3	9	8	4
7	8	9	6	1	5	4	3	2
6	1	2	3	4	8	7	9	5
5	3	4	2	7	9	8	6	1

SUDOKU - 34

6	9	1	8	4	2	7	5	3
5	8	3	1	9	7	6	4	2
4	7	2	3	5	6	1	8	9
1	6	4	2	7	5	3	9	8
8	2	7	6	3	9	5	1	4
3	5	9	4	1	8	2	7	6
7	4	5	9	6	3	8	2	1
2	1	6	5	8	4	9	3	7
9	3	8	7	2	1	4	6	5

SUDOKU - 35

2	9	5	4	1	3	7	8	6
1	8	4	5	6	7	2	9	3
3	6	7	9	8	2	1	5	4
6	7	9	8	4	1	5	3	2
8	3	2	7	9	5	4	6	1
5	4	1	2	3	6	9	7	8
9	5	6	1	2	8	3	4	7
4	1	3	6	7	9	8	2	5
7	2	8	3	5	4	6	1	9

SUDOKU - 36

2	6	1	5	8	7	9	4	3
7	9	8	4	6	3	2	5	1
4	5	3	1	2	9	6	8	7
1	7	5	9	4	6	3	2	8
9	2	4	7	3	8	5	1	6
8	3	6	2	1	5	4	7	9
5	1	7	3	9	4	8	6	2
3	8	2	6	5	1	7	9	4
6	4	9	8	7	2	1	3	5

SUDOKU - 37

5	7	1	3	4	6	2	8	9
3	4	6	9	2	8	1	5	7
8	2	9	5	1	7	4	3	6
1	8	3	4	7	5	6	9	2
2	6	7	8	3	9	5	4	1
9	5	4	2	6	1	8	7	3
6	9	8	1	5	3	7	2	4
4	1	5	7	9	2	3	6	8
7	3	2	6	8	4	9	1	5

SUDOKU - 38

1	6	9	7	8	3	2	5	4
3	5	8	2	6	4	7	9	1
7	2	4	5	1	9	8	6	3
8	9	7	3	4	2	5	1	6
2	1	5	6	9	8	3	4	7
6	4	3	1	5	7	9	2	8
5	8	1	9	3	6	4	7	2
4	7	6	8	2	5	1	3	9
9	3	2	4	7	1	6	8	5

SUDOKU - 39

2	4	1	8	3	5	7	6	9
7	6	8	4	9	2	3	1	5
3	5	9	1	7	6	2	8	4
5	9	2	6	1	8	4	7	3
1	7	4	5	2	3	8	9	6
8	3	6	9	4	7	1	5	2
6	2	3	7	5	1	9	4	8
4	8	7	2	6	9	5	3	1
9	1	5	3	8	4	6	2	7

SUDOKU - 40

9	4	8	6	1	2	7	3	5
7	5	2	3	9	8	6	1	4
6	1	3	5	4	7	2	9	8
8	9	6	7	2	1	5	4	3
1	7	5	4	8	3	9	6	2
2	3	4	9	5	6	1	8	7
4	2	7	1	3	9	8	5	6
5	8	9	2	6	4	3	7	1
3	6	1	8	7	5	4	2	9

SUDOKU - 41

5	3	6	7	4	2	9	1	8
4	7	1	9	3	8	5	6	2
9	8	2	5	1	6	4	7	3
2	4	8	1	5	3	7	9	6
3	5	9	8	6	7	1	2	4
1	6	7	4	2	9	3	8	5
7	1	5	6	8	4	2	3	9
8	9	3	2	7	5	6	4	1
6	2	4	3	9	1	8	5	7

SUDOKU - 42

5	9	2	6	7	8	1	3	4
7	4	6	9	3	1	5	2	8
3	1	8	2	4	5	9	6	7
4	7	3	8	1	6	2	9	5
9	6	1	7	5	2	8	4	3
2	8	5	4	9	3	6	7	1
6	5	9	3	8	4	7	1	2
8	2	4	1	6	7	3	5	9
1	3	7	5	2	9	4	8	6

SUDOKU - 43

3	7	9	5	4	6	1	2	8
2	1	4	8	7	3	6	9	5
5	8	6	9	1	2	7	3	4
6	4	5	3	9	1	8	7	2
8	2	1	7	5	4	9	6	3
7	9	3	6	2	8	4	5	1
1	6	8	2	3	7	5	4	9
4	5	2	1	6	9	3	8	7
9	3	7	4	8	5	2	1	6

SUDOKU - 44

7	8	4	1	9	3	6	5	2
6	9	1	5	8	2	7	4	3
2	5	3	7	4	6	8	1	9
8	6	7	3	2	5	1	9	4
3	2	9	6	1	4	5	7	8
1	4	5	9	7	8	3	2	6
5	1	2	8	3	9	4	6	7
4	7	8	2	6	1	9	3	5
9	3	6	4	5	7	2	8	1

SUDOKU - 45

5	3	6	8	4	2	9	1	7
4	1	9	3	6	7	5	8	2
7	8	2	5	1	9	6	3	4
3	7	5	4	9	6	8	2	1
9	2	8	1	3	5	7	4	6
1	6	4	2	7	8	3	9	5
6	5	3	9	2	1	4	7	8
8	9	1	7	5	4	2	6	3
2	4	7	6	8	3	1	5	9

SUDOKU - 46

8	2	3	9	4	5	7	1	6
5	6	4	1	8	7	9	3	2
1	9	7	2	6	3	4	5	8
2	5	8	4	3	9	6	7	1
6	4	9	5	7	1	2	8	3
3	7	1	6	2	8	5	4	9
9	3	6	7	1	4	8	2	5
4	1	5	8	9	2	3	6	7
7	8	2	3	5	6	1	9	4

SUDOKU - 47

9	7	2	1	5	6	4	8	3
6	5	8	4	2	3	7	9	1
3	1	4	8	9	7	5	6	2
2	6	1	5	4	8	3	7	9
8	4	5	7	3	9	2	1	6
7	3	9	2	6	1	8	4	5
1	2	7	9	8	5	6	3	4
4	8	3	6	1	2	9	5	7
5	9	6	3	7	4	1	2	8

SUDOKU - 48

7	2	4	9	5	8	1	3	6
1	9	6	2	7	3	8	5	4
8	5	3	1	6	4	2	7	9
4	1	9	3	2	6	7	8	5
5	8	7	4	9	1	3	6	2
3	6	2	5	8	7	4	9	1
6	7	5	8	4	2	9	1	3
2	3	8	6	1	9	5	4	7
9	4	1	7	3	5	6	2	8

SUDOKU - 49

6	3	7	5	4	8	2	9	1
5	2	8	3	9	1	7	4	6
9	4	1	6	7	2	3	5	8
7	9	2	1	5	4	8	6	3
4	1	5	8	3	6	9	7	2
3	8	6	7	2	9	5	1	4
2	5	4	9	6	3	1	8	7
1	6	9	2	8	7	4	3	5
8	7	3	4	1	5	6	2	9

SUDOKU - 50

3	4	5	8	7	6	9	2	1
7	2	8	5	9	1	4	6	3
9	1	6	2	3	4	8	7	5
8	7	9	1	6	3	2	5	4
6	3	1	4	5	2	7	9	8
2	5	4	7	8	9	3	1	6
4	8	7	6	2	5	1	3	9
1	6	3	9	4	7	5	8	2
5	9	2	3	1	8	6	4	7

SUDOKU - 51

4	5	1	3	6	7	9	8	2
3	8	9	2	5	1	6	7	4
6	2	7	8	9	4	1	5	3
9	7	8	5	2	3	4	1	6
1	6	2	4	7	8	3	9	5
5	4	3	6	1	9	7	2	8
7	3	6	1	8	2	5	4	9
8	9	4	7	3	5	2	6	1
2	1	5	9	4	6	8	3	7

SUDOKU - 52

4	9	5	6	1	3	2	7	8
1	6	8	2	4	7	5	3	9
7	2	3	8	5	9	4	6	1
5	4	7	9	6	1	3	8	2
2	3	1	5	7	8	6	9	4
6	8	9	4	3	2	1	5	7
9	1	6	3	8	4	7	2	5
8	5	4	7	2	6	9	1	3
3	7	2	1	9	5	8	4	6

SUDOKU - 53

6	1	5	4	3	8	2	9	7
7	2	3	5	9	1	8	4	6
9	4	8	2	7	6	5	1	3
4	5	6	1	8	2	3	7	9
3	8	1	7	5	9	6	2	4
2	7	9	3	6	4	1	5	8
8	6	4	9	1	5	7	3	2
5	9	7	6	2	3	4	8	1
1	3	2	8	4	7	9	6	5

SUDOKU - 54

7	2	8	9	4	3	1	6	5
1	9	5	8	2	6	7	3	4
4	6	3	1	7	5	9	8	2
3	7	4	6	1	9	5	2	8
8	1	2	5	3	4	6	9	7
6	5	9	2	8	7	4	1	3
2	3	7	4	6	1	8	5	9
9	8	6	7	5	2	3	4	1
5	4	1	3	9	8	2	7	6

SUDOKU - 55

8	2	7	4	6	3	1	5	9
5	1	6	9	2	8	7	3	4
9	3	4	7	5	1	8	2	6
2	8	1	3	7	4	6	9	5
7	5	3	8	9	6	4	1	2
4	6	9	2	1	5	3	7	8
1	7	5	6	4	9	2	8	3
3	4	2	5	8	7	9	6	1
6	9	8	1	3	2	5	4	7

SUDOKU - 56

2	7	8	9	3	5	6	4	1
9	5	4	6	8	1	2	7	3
1	6	3	2	4	7	8	9	5
3	1	6	7	9	2	5	8	4
7	2	5	8	6	4	1	3	9
8	4	9	1	5	3	7	6	2
4	3	2	5	7	8	9	1	6
6	8	1	4	2	9	3	5	7
5	9	7	3	1	6	4	2	8

SUDOKU - 57

5	1	4	7	8	6	3	9	2
3	8	9	2	5	1	6	7	4
6	2	7	3	9	4	8	5	1
7	3	8	1	2	5	4	6	9
2	4	5	8	6	9	1	3	7
9	6	1	4	7	3	5	2	8
1	9	2	5	3	8	7	4	6
4	5	6	9	1	7	2	8	3
8	7	3	6	4	2	9	1	5

SUDOKU - 58

6	3	2	4	9	7	1	5	8
9	8	5	6	2	1	4	7	3
4	1	7	8	5	3	6	9	2
3	5	9	2	6	8	7	1	4
8	2	4	1	7	5	3	6	9
7	6	1	9	3	4	2	8	5
1	4	3	7	8	9	5	2	6
2	7	8	5	4	6	9	3	1
5	9	6	3	1	2	8	4	7

SUDOKU - 59

2	7	1	5	4	3	8	9	6
6	9	3	8	2	7	1	5	4
8	5	4	1	9	6	7	2	3
9	6	5	7	8	1	4	3	2
4	8	2	6	3	9	5	7	1
1	3	7	4	5	2	6	8	9
3	4	6	2	7	5	9	1	8
7	1	9	3	6	8	2	4	5
5	2	8	9	1	4	3	6	7

SUDOKU - 60

6	7	9	8	5	3	2	1	4
1	3	2	7	6	4	5	9	8
4	8	5	9	1	2	6	3	7
5	2	6	4	8	1	9	7	3
3	9	4	2	7	5	8	6	1
7	1	8	6	3	9	4	5	2
2	5	7	1	4	6	3	8	9
8	4	3	5	9	7	1	2	6
9	6	1	3	2	8	7	4	5

SUDOKU - 61

7	3	5	4	8	6	1	9	2
9	6	4	3	2	1	5	8	7
8	1	2	9	7	5	3	6	4
1	5	3	8	6	4	2	7	9
2	9	6	7	1	3	4	5	8
4	8	7	5	9	2	6	1	3
5	2	8	1	3	9	7	4	6
3	7	1	6	4	8	9	2	5
6	4	9	2	5	7	8	3	1

SUDOKU - 62

7	1	5	4	2	3	8	6	9
9	6	3	1	5	8	4	2	7
2	4	8	7	9	6	3	1	5
3	9	6	2	8	1	7	5	4
8	2	1	5	7	4	6	9	3
4	5	7	3	6	9	1	8	2
6	7	4	9	1	5	2	3	8
1	3	9	8	4	2	5	7	6
5	8	2	6	3	7	9	4	1

SUDOKU - 63

3	4	5	9	8	1	6	7	2
1	2	8	5	6	7	4	9	3
6	9	7	3	2	4	5	8	1
4	7	2	8	1	5	9	3	6
9	6	3	4	7	2	8	1	5
8	5	1	6	9	3	7	2	4
2	3	4	7	5	8	1	6	9
5	8	6	1	3	9	2	4	7
7	1	9	2	4	6	3	5	8

SUDOKU - 64

5	3	1	6	7	9	8	2	4
9	7	6	4	8	2	5	1	3
8	4	2	3	1	5	6	7	9
2	9	4	5	6	7	1	3	8
6	1	7	8	4	3	9	5	2
3	5	8	9	2	1	4	6	7
7	2	5	1	9	4	3	8	6
1	8	9	7	3	6	2	4	5
4	6	3	2	5	8	7	9	1

SUDOKU - 65

2	4	6	3	1	7	9	5	8
5	9	3	2	4	8	7	1	6
8	7	1	6	5	9	2	3	4
6	1	8	9	3	4	5	7	2
9	3	5	8	7	2	6	4	1
4	2	7	5	6	1	3	8	9
3	6	4	1	2	5	8	9	7
1	5	9	7	8	6	4	2	3
7	8	2	4	9	3	1	6	5

SUDOKU - 66

7	1	5	3	4	9	2	8	6
3	8	4	5	2	6	9	7	1
6	2	9	8	1	7	3	4	5
9	5	8	1	3	4	7	6	2
2	3	7	9	6	8	5	1	4
1	4	6	2	7	5	8	3	9
8	6	1	7	9	2	4	5	3
4	7	2	6	5	3	1	9	8
5	9	3	4	8	1	6	2	7

SUDOKU - 67

5	7	4	1	6	8	9	3	2
9	6	8	7	2	3	1	4	5
3	1	2	5	4	9	8	6	7
6	5	1	3	9	4	7	2	8
8	4	3	2	1	7	5	9	6
7	2	9	8	5	6	3	1	4
4	3	6	9	8	5	2	7	1
2	8	7	6	3	1	4	5	9
1	9	5	4	7	2	6	8	3

SUDOKU - 68

8	5	9	1	7	4	3	2	6
7	6	3	2	9	5	1	4	8
1	4	2	8	3	6	7	9	5
2	9	8	6	1	7	4	5	3
3	7	5	9	4	2	6	8	1
6	1	4	5	8	3	2	7	9
9	2	6	4	5	1	8	3	7
4	8	7	3	6	9	5	1	2
5	3	1	7	2	8	9	6	4

SUDOKU - 69

2	9	6	5	1	7	3	4	8
8	5	7	2	3	4	6	9	1
3	4	1	8	6	9	5	7	2
7	3	9	1	2	8	4	5	6
6	2	5	7	4	3	1	8	9
1	8	4	6	9	5	2	3	7
9	6	3	4	7	1	8	2	5
5	7	2	3	8	6	9	1	4
4	1	8	9	5	2	7	6	3

SUDOKU - 70

8	1	9	6	4	3	2	7	5
4	7	2	8	9	5	3	6	1
6	5	3	7	2	1	4	9	8
7	8	5	3	1	6	9	2	4
3	6	4	9	5	2	1	8	7
2	9	1	4	7	8	5	3	6
5	2	6	1	3	7	8	4	9
9	3	7	5	8	4	6	1	2
1	4	8	2	6	9	7	5	3

SUDOKU - 71

3	6	8	5	4	2	1	7	9
9	4	5	3	7	1	2	8	6
1	7	2	6	9	8	5	4	3
5	1	4	7	8	6	3	9	2
8	9	7	2	5	3	4	6	1
2	3	6	9	1	4	7	5	8
4	5	1	8	2	9	6	3	7
7	8	3	1	6	5	9	2	4
6	2	9	4	3	7	8	1	5

SUDOKU - 72

4	3	5	1	7	6	9	8	2
8	2	1	4	9	5	7	6	3
9	6	7	8	3	2	4	1	5
6	9	4	3	5	1	2	7	8
3	7	2	9	6	8	1	5	4
1	5	8	7	2	4	3	9	6
5	4	9	6	1	3	8	2	7
2	1	3	5	8	7	6	4	9
7	8	6	2	4	9	5	3	1

Made in United States
Troutdale, OR
10/27/2024